falter 33

Dorothea Rapp

Oktaven der Liebe

Sieben Motive der Begegnung

Verlag Freies Geistesleben

Die Originalausgabe dieses Buches erschien 1995, eine zweite Auflage erfolgte im Jahr 1996.

1. Auflage als 33. *falter* 2006

Verlag Freies Geistesleben
Landhausstraße 82, 70190 Stuttgart
Internet: www.geistesleben.com

ISBN-13: 978-3-7725-1433-3
ISBN-10: 3-7725-1433-2

Umschlagfoto: Brecon Beacons, South Wales (Peter Adams / © getty images)
Konzeption: Jean-Claude Lin / Gestaltung: Thomas Neuerer
Druck: Freiburger Graphische Betriebe

Inhalt

Jede Öffnung in andere Räume bietet neue

Lichtverhältnisse, neue Dimensionen;

sie bedarf neuer Worte, die sie erklären.

Vorwort

Übergänge in eine veränderte Zeitlage wie wir sie heute erleben, sind wie Passstraßen über ein Gebirge: gefährlich. Der breite Weg im Tal hat bestimmte Gewohnheiten geprägt, die für das Gebirge untauglich machen. Der Aufstieg führt daher über Schwellen, die erhöhte Aufmerksamkeit erfordern, denn an ihnen kündigt sich schon vehement die neue Zeit an. Die Passstraße, die heute erkennbar wird, hat solche Schwellensteine vor allem im sozialen Leben angelegt. Die gegenwärtige Neigung zum Individualismus hat den Menschen sozial unfähig gemacht, so dass der Weg in die Zukunft an dieser Stelle seine Herausforderungen setzen muss. Keine Kultur kann sich auf sozial unsicherem Boden entwickeln.

Noch scheinen allerdings die alten sozialen Lebensregeln gelten zu wollen. Sie werden im Umgang der Menschen untereinander beinahe schlafwandlerisch befolgt. Sie verlieren jedoch mehr und mehr ihre menschliche Qualität. Denn hier und da wird deutlich, dass sich unter ihrer Fortgeltung die Landschaft der Menschlichkeit in eine Ruinenzone verwandelt, welche für den Menschen unbewohnbar wird und den Ausblick auf neue Ziele versperrt. Die Krise, die sich heute im Zusammenleben der Menschen überall ausbreitet, beginnt in der Keimzelle aller Begegnungen: vom Ich zum Du. Ehe, Freundschaft, Partnerschaft – mit all ihren Begleitumständen der Liebe und Treue, sowie ihren Problemen durch Missverständnisse und Verschuldungen – können heute nicht mehr moralisch, im alten Stil des Gesetzes, angeschaut und gelöst werden. Alte Moralvorstellungen sind unscharf geworden; neue werden erst sehr zaghaft von ganz wenigen gesucht.

So können im gegenwärtigen Umbruch jene wenigen Menschen, die beginnen, neue Fähigkeiten zu entwickeln, übersehen werden. Sie treten aber mehr und mehr, wenn auch leise, ins Bild; ihr Beispiel macht so manchen Aufmerksamen nachdenklich. Solche Menschen wenden auf sich selbst andere Maßstäbe an, die im Konkurrenzkampf unserer Zeit wie negativ erscheinen. Es sind nicht sich selbst aufbauende, den sieghaften Helden repräsentierende Maßstäbe, sondern vielmehr wegbereitende, den andern Menschen ansprechende. Solche Menschen bahnen die Passstraße in eine neue Zeit oft sogar mit dem Verlust einer eigenen glanzvollen Repräsentanz; sie setzen jedoch ihre bewegliche, lebendige soziale Geistesgegenwart dagegen: – aus einer neu geborenen Anwesenheit ihres «geistigen Selbst».

Der Versuch, alte Werte-Traditionen der allgemeinen Menschlichkeit und besonders des menschlichen Zusammenlebens zu öffnen und in eine neue, noch ungewöhnliche Sichtweise zu heben, bedeutet ein großes Wagnis. Er wird notwendigerweise von Missverständnissen begleitet. Jede Öffnung in andere Räume bietet neue Lichtverhältnisse, neue Dimensionen; sie bedarf neuer Worte, die sie erklären. Doch diese stehen noch nicht zur Verfügung. Der alte Wortschatz ist gebunden an alte Vorstellungen. Aus diesem Grunde habe ich versucht, das Thema des Buches in ein künstlerisches Kleid zu hüllen, das eine neue Bild-Fähigkeit anspricht. Das Bild soll ausdrücken, was ein Wort, ein Begriff nicht vermag. In diesem Sinne wollen die hier herangeholten bemerkenswerten Bilder aus den Bereichen der Mythologie, der Kunst und der Biographie *wahr*-genommen werden. «Denn der hat nicht die Geisteswissenschaft, der sie wieder zu einer Verstandeswissenschaft macht, sondern der hat sie, der bei jedem Begriff, den wir entwickeln (…), bei jedem Wort etwas empfinden kann, was das Wort, was die Idee selbst zersprengen will, was höchstens in die Vieldeutigkeit der Bilder ausfließen kann.»*

Dorothea Rapp

* Rudolf Steiner, *Die Evolution vom Gesichtspunkt des Wahrhaftigen*, Berlin 1911.

Die Liebe sollte etwas sein, das ganz kühn macht

und zugleich immer in Distanz bleibt.

Peter Handke

1.

Das Gesetz der Ehe – *in fließenden Oktaven*

Ehen werden im Himmel geschlossen; bewähren müssen sie sich jedoch auf der Erde. Vom Himmel getauft, misst ihnen die Erde Auftrag und Aufgabe zu. Insofern verleiht die Institution der Ehe – jenes gewaltige Gesetz zwischen Himmel und Erde – der Verbindung zwischen Mann und Frau ein großes Moment der Würde. In der Ehe treten Mann und Frau aus der puren Natur ihrer gegenseitigen Beziehung heraus und nehmen eine göttliche Erwürdigung all ihrer natürlichen Tätigkeiten für sich an. «Ehe» heißt Gesetz. Das Wort wird abgeleitet vom althochdeutschen «ewa», was soviel heißt wie «ewig geltend»: Gesetz. Aus himmlischer Ewigkeit geboren, trägt dieses Gesetz Himmelskräfte auf die Erde. Seine Macht und Kraft garantiert geistige Hilfe; dies jedoch für eine Unternehmung, die heute immer mehr zu einem Wagnis des Menschseins wird. Was einst begonnen hat in einer strikten Ordnung – die Frau sei dem Manne untertan –, kann in unserer Zeit, da jeder, ob Mann oder Frau, das eigene Selbstbewusstsein erprobt, so nicht mehr gelten. Heute stehen sich zwei gleichberechtigte Partner gegenüber. Und jede selbstbewusste Individualität, wenn man sie ernst nimmt, muss natürlicherweise stets Selbstüberwindung üben, wenn sie in enger Nähe mit einer anderen Individualität leben und arbeiten will.

Zwei hohe Tannen stehen auf einer Wiese dicht nebeneinander. An der Innenseite ihrer gegenseitigen Berührung büßen beide Bäume ihre jeweils typische Gestalt ein. Sie nehmen in diesem Begegnungsraum eine Art von Verkrüppelung an. Durch die Berührung mit dem Nebenbaum erscheint jeder für sich verbogen und verkürzt. Nur an den Außenseiten können sich die beiden Bäume frei und schön entfalten. Man kann sogar beobachten, dass sich die Tannen gerade dort nach außen besonders ausladend und breit entwickeln, wo sie nach innen begrenzt, behindert werden. Dieses Bild vergegenwärtigt natürliche Beengung und Störung durch zu große Nähe. In vielen Ehen ist eine solche gegenseitige Beschränkung zu beobachten.

Bestenfalls arrangiert man sich gemeinsam. Jedoch das Moment der Erwürdigung durch geistige Hilfe ist darin selten zu bemerken. Manchmal streift dieses himmlische Moment ein Ehepaar doch noch einmal, wenn Kinder zum Zeitpunkt ihrer Geburt den Himmel öffnen. Im Allgemeinen aber wird diese Erwürdigung gegenwärtig immer weniger erfahren. An ihrer Stelle wächst die Betonung des natürlichen Lebens in der Ehe, wodurch dann auch die Beengung und Störung durch den andern mit der Zeit immer aufdringlicher und dominanter erlebt wird. Das alte Gesetz der Ehe ist eben heute kaum mehr wirksam. Was in alter Zeit auch moralischen Schutz und Würde gab, dieser geistige Anteil des Ehegesetzes, ist heute verloren gegangen. Der Rest, der sich nur noch im Rechtsleben verankert hält, kann den Menschen nicht mehr genügen. So senkt sich zumeist dieses veraltete und entleerte Gesetz wie ein riesiges Netz über die Partner, als wollte es ihnen jede Möglichkeit zur Freiheitsentfaltung rauben. Da aber die Ehe immer noch als die Keimzelle jeglicher Gesellschaftsordnung gilt, wirft sie ihre Licht- und Schattenseiten auch auf den Gemeinschaftsorganismus der Menschheit. Durch Schwankungen und Erschütterungen in dieser Keimzelle gerät auch die gesamte menschliche Sozialgestaltung in Gefahr.

Das zeitgenössische wache Bewusstsein wächst in diese geschwächte, veraltete Institution nur noch teilweise hinein. Es vermag kaum noch wahrzunehmen, was da einmal war. Zudem findet der moderne Mensch in sich vermehrt Beweggründe zu mehreren Leben vor. In jedem Lebensalter kann daher eine neue starke Beziehung zu einem anderen Menschen eintreten. Oft kann nicht mehr gelten: «bis dass der Tod euch scheide!» Und doch bleibt in einer bestimmten Weise bestehen, was einmal beschlossen war. Die schicksalhafte, karmische Vielfalt, die darin besteht, dass mehrere Menschen im vertrauten Umkreis umschlossen werden müssen, eröffnet ein weiteres Problem dieser Sozialgestalt. Die Frage muss daher deutlicher gestellt werden, wie eine solche Institution der Ehe, die heute in ihren Grundfesten erschüttert und gekränkt erscheint und die zudem noch für die einzelnen Partner so verschiedene Funktionen hat, so zu verwandeln wäre, dass der einzelne – Mann, Frau, Kind – darin wieder «wohnen» kann.

In einer männlich geprägten Weltordnung besitzt das Gesetz der Ehe für die Frau einen anderen Charakter, erfüllt andere Funktionen als für den Mann. Das gesetzhafte Denken und Gestalten wird vorwiegend vom Mann geprägt und ausgeübt. Er erkennt das Gesetz und führt es ein. So glaubt auch der Mann, dieses als erster wieder verlassen zu können. Es gehört ihm, er kann es verändern, vergessen, vernichten. Er hat die Macht darüber. Das Urbild der Ehe wurde in alter Zeit so aufgefasst, dass auch durch die Weihen, die das Paar empfing, der Mann zum Führenden auserwählt war. Der Frau stand lediglich der Schutz des Gesetzes zu. Sie hatte – wieder im alten Sinne urbildlich gesehen – keine Macht darüber. Aber das Gesetz schützte sie. Insofern war sie der passive Teil einer solchen Einrichtung. Ebenso das Kind. Im Hinblick auf dieses wurden Hüllen gebildet, die auch wieder die Ehe fester binden konnten. Dieses Urbild ist heute schon deshalb weitgehend zerstört, weil die alte Rollenverteilung in keiner Weise mehr stimmt. Obgleich also die alte Form der Ehe nicht mehr möglich ist und viele dies auch einsehen, eine neue Form aber auch noch nicht gefunden wird, versuchen einige immer wieder anachronistisch und mit lautem Moralton, Forderungen und Sehnsüchte nach dem Urbild zu formulieren.

Denken und Gestalten in gesetzhaften Ordnungen wird heute mehr und mehr zum Problem. Es reicht nicht mehr aus, um die sich verändernden, mühsam sich frei ringenden modernen Lebensformen zu begreifen. Und da die alten Formen eine männlich geartete Welt charakterisieren, ist heute vor allem die Frau, die Ehefrau, aufgerufen, mit ihren anderen Fähigkeiten das Bild der Ehe neu zu zeichnen.

Eine besondere Beobachtung ist dabei zu verzeichnen. In den Nischen der modernen menschlichen Gesellschaft hat sich im Stil eines epochalen Ereignisses eine Lebensform gebildet, die vor-bildhaft in eine neue Richtung weist: *das Bild der alleinerziehenden Mutter mit ihrem Kind.* Es erscheint wie das in die Erde hineinversetzte Bild der Madonna: verkannt und ohne Herberge. Die Frau ist in diesem Familienstand Vater und Mutter zugleich. Sie arbeitet für den Lebensunterhalt und erzieht und versorgt zugleich ihr Kind. Die Problematik dieser verunsicherten Situation darf natürlich nicht übersehen werden. Doch hier wird stellvertretend etwas vorbereitet, was in Zukunft rollenübergreifend menschheitlich geschehen muss. In dieser «vaterlosen Gemeinschaft» nehmen nämlich auch Männer die Mutterrolle als Alleinerziehende an. Sie lernen über dieses neue Dasein eine andere Perspektive der Welt kennen, die sie menschlich erweitert. Sie brechen damit aus allen alten Klischee-Vorstellungen über «Mann» oder «Frau» heraus.

Peter Handke berichtet in einem Interview* von einem solchen Leben, das er allein mit seiner zweijährigen Tochter in Paris führen musste. Vorangegangen – circa sieben Jahre zuvor – war, dass er seine Mutter durch Selbstmord verloren hatte. Dieses Ereignis sollte den Auftakt geben für das neue Verständnis einer Rolle, in die er später hineinwachsen sollte. Handke beschreibt das tragische Geschehen um seine Mutter in der Erzählung *Wunschloses Unglück*. Rückschauend erlebte er es in kathartischen Bildern nach und empfand es symptomatisch für unsere Zeit.

Handke besaß zwei Väter. Der eine war sein natürlicher Vater; den anderen aber hatte seine Mutter geheiratet. Er verabscheute beide. Seine Verachtung gegenüber diesen Vätern zeigt, dass er diese von alters her geprägte Vater-Rolle in der natürlichen Form nicht mehr annehmen konnte, besonders dann, wenn sie, wie

* *Der Spiegel* Nr. 28/1978

in seinem Fall, sich als extrem schwierig und gewalttätig erwies. Solche, von der Vergangenheit her übernommenen Rollenspiele, die von gesetzlichen und Blutsbanden bestimmt werden, vergiften als unzeitgemäße jede echte menschliche Beziehung. «Blut» hat heute, ähnlich wie das alte Gesetz, keine Stimme mehr; wo es dennoch spricht, ruft es Dämonen auf. Diese verhindern jede freie menschliche Beziehung. Eine Frau, die in solchen verqueren Verhältnissen leben muss, kann an den alten männlichen Machtgesetzen scheitern; solange sie aber keinen herausführenden Weg findet, muss sie die vom Gesetz bestimmte, «rohe» Gewalt erdulden; oder aber – wie im Fall der Mutter von Peter Handke – durch ihren Tod beenden.

Als Peter Handke dann nach Jahren erleben musste, dass sich seine Frau, die Mutter seines Kindes, von ihm trennte, schloss sich der Kreis seiner Erfahrung. Notgedrungen legte er die so sehr gehasste Vaterrolle ab. Sein modernes, sensibles Seelenbewusstsein sagte ihm, dass er in diesem Fall, da er mit seinem Kind allein zurückblieb, nicht Vater sein kann, sondern die Mutterrolle für sein zweijähriges Kind übernehmen musste. In dem Interview berichtete er, wie er diese Mutterrolle, die er aber nicht so nennt, zunächst erfährt: im Alleinsein. Eine alleinerziehende Mutter fühlt sich als erstes grenzenlos einsam, ohne Ansprechpartner. Weil der Alleinerziehende durch die notwendige Präsenz beim

Kind weder so total in einen Beruf aufgehen kann, wie üblicherweise der Mann, noch in der Lage ist, schnell wieder einen neuen Partner zu finden, erscheint das Alleinsein wie ein Verhängnis. Doch dieses Verhängnis hat Zukunft: «Dass durch den epochalen Vorgang des Alleinseins – das ist schon ein epochaler Vorgang, der sich da aus vielen privaten Fällen zu einer gewissen öffentlichen Kraft zusammenballt –, dass durch diesen oft gar nicht gewollten Vorgang des Alleinseins und dem Alleinleben allmählich eine sanfte Kraft der Spiritualität entsteht, überall. Und dass dadurch die Möglichkeit eines anderen Paares entsteht, Paare wieder möglich erscheinen.» Handke entwirft im folgenden das Bild einer neuen Ehe. Dieser Entwurf ist auf Distanz gegründet. Das, was in der Einsamkeit gewonnen wird, nämlich das Eigensein des Ich, darf nicht wieder verloren gehen. Handke drückt dies so aus: «Das Ideal wäre, mit jemand zu leben und dabei die Kühnheit, die man durch das Abenteuer des Alleinlebens erst erreicht hat, zu erhalten und sogar zu harmonisieren. Und die Liebe, die könnte darin bestehen, dass der andere oder die andere wirklich wie aus der Tiefe der Zeiten zu einem reden kann – einem ins Gewissen redet, was es sein kann, zu zweit zu sein. Die Liebe sollte etwas sein, das ganz kühn macht und zugleich immer in Distanz bleibt. Damit meine ich nicht räumliche Entfernung, sondern eine Distanz, die dem anderen die Würde lässt.

Liebe kann ich mir jedenfalls nur in dieser heroischen Distanz vorstellen – die auch eine Art Verehrung des einen für den anderen ist und gleichzeitig eine Art Strenge ...»

Die «sanfte Kraft der Spiritualität» – eine Kraft, die mit Taubenfüßen auftritt, die aber machtvoll den Weisheitsäther der Welt erfüllt – sie hat sich Handke in der Zeit mühseligen Alleinseins erworben. So als hätte das Vorbild der Madonna den «alleinerziehenden Vater» teilnehmen lassen an ihrer weiblich mütterlichen Weisheitswelt. Handke empfing im Rollentausch vom Vater zur Mutter eine Gabe der Maria-Sophia, der Weisheits-Mutter der Welt. Sie befähigte ihn dann auch, wieder neu und anders auf eine Partnerschaft oder Ehe zuzugehen. «Paare werden nun wieder möglich»: anders, weiser, sensibler gelingt nun der Schritt auf den anderen Menschen zu – im Bewusstsein der eigenen individuellen Selbstheit, die aber auch Augen und Herz für die des anderen entwickelt hat.

Eine alte ägyptische Legende erzählt von dem Götter-Paar Isis und Osiris. Isis und Osiris verkörpern das weibliche und das männliche Weltenprinzip in ihren grundlegenden Ausgestaltungen. Der göttliche «Mann» Osiris zieht als Herrscher über Himmel und Erde Gegenkräfte in der Gestalt des todbringenden Typhon auf sich. Nach langer Verfolgung gelingt es schließlich Typhon, Osiris in einen Sarg zu bannen und in den Fluss zu werfen. Isis, tief betroffen, sucht ihn in aller Welt. Als sie ihn endlich findet, will sie ihm mit ihrem Atem wieder Leben einhauchen. Typhon jedoch zerstückelt daraufhin die Leiche und zerstreut die Teile über das Land. Isis sammelt diese wieder ein und begräbt sie in der Erde. Der göttlichen Frau bleibt lediglich der «Sohn», Horus. Mit diesem im Arm wird sie – wie ein Vorbild der christlichen Madonna – in vielen Versionen dargestellt. Das Bild der Mutter mit ihrem Kind – ohne Vater – zeichnet in symptomatischer Weise diese Weltenkraft aus.

Solche Legenden leben weiter, vor allem dann, wenn universelle Weltenkräfte – wie hier das weibliche und männliche Weltenprinzip – in ihren Gestalten wirken. Sie wachsen mit dem Wandel der Zeit mit. Dann verblasst das alte Legendenbild weitgehend; es steht nur noch als Erinnerungs-Chiffre in alten Büchern, weit entfernt von seinem wirklichen Inhalt. Die weiter wirkenden Elemente können aber wieder neu wahrgenommen werden; sie können imaginativ erfahren werden durch einen in Übungen geschärften übersinnlichen Sinn, einem geistigen Auge, wie es z.B. Rudolf Steiner entwickelt hat. In dieser vergegenwärtigenden Weise ist heute überhaupt nur geisteswissenschaftliche Forschung möglich. Rudolf Steiner kann daher als Garant einer neuen zukunftgerichteten Geisteswissenschaft angesehen werden. So sprach er auch einmal über «Die Suche nach der neuen Isis, der göttlichen Sophia» (am

24. Dezember 1920 in Dornach). Heute, so beschreibt es Rudolf Steiner, ist nicht der in der Erde begrabene Osiris, sondern die Weisheitsgöttin selbst, die Isis, in Gefahr, verloren zu gehen. «Aber in anderer Art muss sich die Isis-Legende in unserer Zeit erfüllt zeigen. Nicht dasjenige, was in einem höheren Maße uns den Osiris gibt (...), kann uns verlorengehen; aber es kann uns verlorengehen und ist uns verlorengegangen dasjenige, was hingebildet für das christliche Verständnis neben dem Osiris steht: es ist uns verlorengegangen die Isis, die Mutter des Heilands, die göttliche Weisheit Sophia. Und wenn es geben soll eine Erneuerung der Isis-Legende, so darf diese für uns nicht lauten, dass der Osiris getötet worden ist durch Typhon-Ahriman, dass er hinweggeschwemmt worden ist durch das Nilwasser, wiedergefunden worden ist durch Isis, um in seiner durch Typhon-Ahriman erfolgten Zerstückelung dann in die Erde versenkt zu werden. – Nein, wir müssen in einer gewissen Weise die Isis-Legende, den Inhalt des Isis-Mysteriums wiederfinden, aber wir müssen ihn bilden aus der Imagination heraus gefasst für unsere Zeit.» Die göttliche Sophia, «diese Weisheit hat sich nicht hereinverpflanzen können in die neuere Zeit; sie ist überwältigt, sie ist getötet worden durch Luzifer, wie einstmals Osiris durch Ahriman-Typhon. (...) sie ist in den Weltenozean hinaus versenkt worden. Indem wir in diesen Ozean hinausblicken und nur nach

mathematischen Linien die Sternenzusammenhänge sehen, ist in ihnen dasjenige begraben, was geistig diese Welt durchsetzt.»*

Rudolf Steiner spricht mit Isis und Osiris Welt durchströmende Kräfte an. Diese können unter einem gewissen Blickwinkel auch im einzelnen Menschen erlebt werden. Isis und Osiris wirken verborgen in jedem Menschen. Das männliche Weltenprinzip Osiris hat sich über die Zeitenwende aus der alten Vollmacht über das Gesetz hinaus verwandelt, indem er sich über den «kalten» ahrimanischen Tod – gleichsam durch die Erde hindurch, wo er begraben wurde – verjüngt hat: in die «junge» Kraft, menschliche Freiheit zu ermöglichen. Isis aber, der weiblich gearteten Weltenweisheit, steht die Einverwandlung in den Menschen unserer Zeit noch bevor. Luzifer, die andere Gegenkraft, die aus «heißen» Impulsen handelt, hat das zunächst einmal verhindert. «Luzifer hat nun alles Interesse daran, das Moralische als solches, das immer als ein Gegenwärtiges seine große Bedeutung hat, weil es ja keimhaft für spätere Weltenschöpfung wirkt, alles Moralische herauszulösen aus dem Weltenbild und bloß das Naturgemäß-Notwendige im äußeren Weltenbilde erscheinen zu lassen. So stellt sich dem arm gewordenen Menschen der neueren Zeit eine Welten-Weisheit dar, die zugleich ein

* Rudolf Steiner, *Die Suche nach der neuen Isis*, S. 28 und S. 30 und ferner das Zitat auf S. 23: S. 29.

Weltenbild gibt, in dem die Sterne kreisen nach amoralischen, rein mechanischen Notwendigkeiten …». Diese Weisheit wird erdrückt von mathematisch gewonnenen Prothesen: computergestützte Kosmologie, Embryologie und Astronautik, Gentechnologie und anderes. Sie ist farblos geworden. Ihr aurischer Farbenzauber ist erloschen. Rudolf Steiner beschreibt dem gegenüber die wahre Gestalt der Isis in ihrer wunderbaren Schönheit, ausgegossen in den ganzen Kosmos in vielen leuchtenden Farben. Ihr Bild, ihre Schönheit kann in jede Seele treten, die aus innerlichen mütterlichen Kräften den Sinn für eine solche kosmisch musikalisierte Weisheit entwickelt hat.

Wie eine leise einsetzende Melodie tritt die Sophien-Weisheit an die Seele heran. Ihre Spiritualität, ihre Moralität offenbart ganz neue, noch kaum gehörte Klänge. «Paare werden wieder möglich.» Der alte Akkord des Ehe-Gesetzes hat sich in diesem Satz zu fließenden Oktaven geweitet. Es ist eine Melodie im atonalen Zwölftonschritt; mühsam und für Ungeübte schwer zu erkennen. Der Alleinlebende konnte sie sich aber erüben. Denn er lebte in seiner souveränen Einsamkeit gleichsam «atonal», an keine vorgegebene Tonart, an alte Gesetze, gebunden. Er versuchte vielmehr auf den eigenen Grundton zu lauschen. Diese zeitgemäße «Atonalität» findet ihr Weisheitselement in der Wahrnehmung des Einzeltons; sie erfordert ein vertieftes Hören: ein Hören auf die Besonderheit der eigenen, aber auch der anderen Individualität. So entsteht dann eine gegenseitige Erwürdigung aus «heroischer Distanz». *Nicht mehr das Gesetz gibt mir Würde, sondern das Du, das mich erkennt*. Nun wird aus anderer Perspektive das Paar – eine Ehe – zu neuen Fähigkeiten erwürdigt. Denn die Würde des anderen erfordert heute besondere Aufmerksamkeit. Die natürlichen Sympathie- und Antipathie-Kräfte wollen sich zumeist über diese spirituelle Fähigkeit der gegenseitigen Erwürdigung hinwegsetzen, weil sie von Natur aus stark sind; Würde aber immer erst bewusst angesprochen werden muss. Von Natur aus gibt es Anmut, aber keine Würde. Denn Würde wird herangerufen allein aus der Freiheit des Geistes.

In diesen fließenden Oktaven der Ehe-Melodie metamorphosiert sich das einstmals «ewig geltende Gesetz». So kann vom irdischen Standpunkt aus gesehen nicht mehr von einer Unzerbrechlichkeit der Ehe gesprochen werden. Ehe besitzt keine irdische Dauer. Sie ist, wie alles Irdische, nicht ewig. Sie unterliegt dem Strom wandelbarer Zeit. Verwandelt sie sich nicht in dieser, so wird sie alt und stirbt. Die Ehe bleibt «ewig» nur im Karma. Karma, das Gesetz des individuellen Schicksals, aber wird in die Erde eingeschrieben. Von dort her tritt das, was einmal Ehe war, mit gewandelten «osirischen» Freiheitskräften begabt, in die Chance eines jeden neuen Erdentages.

In dieser Klang-Phase einer Ehe-Oktave werden nun auch die Rollen neu verteilt. Vater und Mutter deuten nun nicht mehr auf ein voneinander getrenntes Rollenspiel. Mütterliches Sorgen kann nun auch vom «Vater» – wer immer das auch sei – übernommen werden. Es könnte dadurch ein neues, freiheitliches Element gewinnen. Denn das väterliche Prinzip, das zuvor für Gesetz und Ordnung sorgte, vermag, nachdem es diese losgelassen hat, vermehrt freiheitlich wirken. So könnte es ein Garant sein, dass Freiheit auch im ehelichen Leben möglich wird. Selbst die Rolle des Kindes kann dann nicht mehr vorherbestimmt werden. Da wachsen Menschlichkeiten heran, die von hoher Bedeutung sein können.

Ich kenne Paare, die dieser Oktave der Ehe und Partnerschaft, dieser aufströmenden Woge auf der Spur sind. Sie haben das Wagnis unternommen, ins unermeßliche Feld solcher Visionen wie in einen strömenden Fluss einzutauchen. Denn hier ist nichts mehr sicherer Bestand. Hier gibt es auch keinen Besitz mehr – außer dem, den man sich in jedem Augenblick neu erwirbt. Denn niemand vermag eine strömende Welle zu ergreifen. Entweder man deutet aus der Entfernung auf sie hin, da wo sie gleitet – man ist aber dann nicht lebendig dabei –, oder aber man «schwimmt» sie, selber Woge werdend. So etwas geschieht vergleichsweise in der «Wasserprobe», die Rudolf Steiner in seinem «Lebensbuch» *Wie erlangt man Erkenntnisse der höheren Welten?* beschreibt. War der Verlust der ursprünglichen Partnerschaft – mit seinen brennenden Schmerzen – einer «Feuerprobe» gleichzusetzen, so setzt jetzt etwas völlig neues ein. Es entstehen hier Aufgaben, «zu denen kein äußerer Anlass vorhanden ist». «Selbstbeherrschung» ist das Zauberwort dieser Stufe. Diese kann – im Sprachgebrauch von Handke – in der Erfahrung, die das Alleinsein, das Allein-gelassen-werden wie eine Essenz hervorbringt, zur Spiritualität führen. Ohne diese Selbstbeherrschung auf der Woge des Flusses würden wir untergehen. Nur wenn wir selber Welle werden – immer sich wandelnd – vermögen wir diese Oktave der Partnerschaft zu bestehen. Friedrich Schiller schreibt in seiner *Braut von Messina:* Auf der Welle ist alles Welle / Auf dem Meer ist kein Eigentum.

Kein Eigentum. Da verbietet sich der Gedanke: Du bist mein – ich bin dein. Wie im strömenden Element findet nur Begegnung im Gleichklang der Bewegungen statt. Jede neue Begegnung muss daher immer wieder in der Erkenntnis des anderen von vorne beginnen, den Gleichklang herzustellen. Nichts ist sicher; allein das, was ich selbst hervorbringe, die fließende Oktave, vermag mich «schwimmend» zu tragen. So muss ich auch den Partner in mir immer wieder neu hervorbringen, neu erkennen und anerkennen. Alles fließt – in neue Erhebungen und Täler. Hier gibt es kein Eigentum. Das «Gesetz», welches dieses regeln will, liegt nun an den Ufern des Flusses wie ein Relikt aus vergangenen Zeiten, das keine Funktion mehr hat; Strandgut, das aufgeräumt werden müsste, weil es sonst giftig wird und als Verwesendes übel zu riechen beginnt. Allein aus der Vollmacht des eigenen intuitiven Wesens, wird sich jetzt der Alltag regeln. Man könnte dies eine «geistige Ehe» nennen, was da der einzelne vollbringt, der immer nur sich selbst gibt und nicht sich hinter ein Gesetz stellt, das kraft einer staatlichen oder kirchlichen Macht etwas von oben regeln zu müssen glaubt, was doch heute aus dem Ich jeder Individualität schöpferisch in diese soziale Keimzelle hinein verwirklicht werden muss.

Der Besitzstand, der in alten Vorstellungen von der Ehe immer noch geltend gemacht werden will, geht zumeist davon aus, dass der einzelne meint, der «Einzige» und wichtigste Mensch für den andern zu sein. So sehr dies auch für Momente des Lebens, für die entstehende Woge der Liebe richtig sein mag, so ist dies doch nicht für die Dauer denkbar. Keiner darf in der Partnerschaft andere Menschen ausschließen. Der größte Fehler und die schwerste Prüfung liegt in diesem ausschließenden Willen. Er hält die Woge an; friert sie im Eis seines kalten Blickes ein. Wir müssen lernen – ohne uns selbst zu verlieren – *einzuschließen*. Darin waltet die Weisheit eines karmisch begriffenen Lebens. Dasjenige, was in einer tief innigen Beziehung zwischen Menschen als «Ehe» unauslöschbar und «ewig geltend» sich ins Karma einschreibt, bleibt dennoch bestehen – auch wenn andere in die Beziehung – und zwar immer auf andere Weise – eingeschlossen werden. Die Verantwortung wird dabei jeder selbst tragen müssen. Das kann nicht einfach sein.

Wir müssen lernen – ohne uns selbst zu verlieren –

einzuschließen.

Im Eros drückt sich umfassende,

schöpferische Göttlichkeit aus ...

2.

Der Stiersprung – *im Anblick des Eros*

In der minoischen Kultur auf Kreta (etwa 2000 Jahre vor Christus) gab es ein Ritual, dem sich junge Menschen aus königlichem Hause, die zur Ehe bestimmt waren, unterziehen mussten. Sie mussten vor ihrer ersten geschlechtlichen Vereinigung eine Prüfung bestehen. Ein wilder Stier wurde eine Rampe hinabgejagt. Das junge Mädchen lief ihm entgegen, ergriff seine Hörner, schwang sich daran in die Höhe und nach einem Salto über dem Stierrücken erreichte sie in Gegenrichtung den Boden hinter dem Stier; gerade rechtzeitig, um den ihr folgenden Jüngling auffangen zu können. Während dann das junge Paar den ersten Zeugungsakt vollzog, floss draußen das Blut des Stieres, der geopfert wurde. «Die jungen Menschen, die nach dem Stiersprung die heilige Hochzeit vollzogen, hatten das Wesen des Eros kennengelernt. (...) Sie wussten existentiell um die alles durchwaltende Macht des Eros, wussten, dass das Sein, schon das naturhafte Sein Liebe ist, und also Gefahr, Drohung und auch wieder beseligende Erfüllung durch alle Todesdrohung hindurch. Eins war ihnen von Stund an unmöglich: das Geschlechtliche als Mittel zum bloßen Genuss zu missbrauchen, den Eros also wie auch den Geschlechtspartner zum bloßen Gegenstand zu erniedrigen, zu etwas, worüber man nach Belieben verfügen kann. Sie waren ein für allemal überwältigt durch die Übermacht des Eros, die dem Menschen als Urgewalt begegnet.»*

Diese Urgewalt göttlicher Schöpferkraft – der kosmogonische Eros –, dem das minoische Prinzenpaar in einer Art Ausnahmezustand begegnete, besitzt ein Instrument in der Sexualität. Eros und Sexualität sind jedoch nicht identisch. Im Eros drückt sich umfassende, schöpferische Göttlichkeit aus, Sexualität beschreibt aber lediglich ihren leiblich instrumentalisierten Kräftestrom. In diesem erscheint Eros verdunkelt, in dunkle Gänge, Kanäle gezwungen, wodurch die Urgewalt wie gebündelt und unfrei erlebt wird. Der göttliche Riese mit all seiner Kraft und Macht, die ja immer auch Gefahr, Drohung bedeutet, begibt sich damit in einen ihm fremden Lebensraum. Hier wirkt er mit anderen Kräften zusammen und ist somit nicht immer in seiner Göttlichkeit zu erkennen. Aus diesem Grunde ist Sexualität nur schwer zu begreifen. Sie spielt jedoch in der Entwicklungsgeschichte des Menschen eine wesentliche Rolle. Sie ist, so wie sie als Geschlechtlichkeit im Menschen veranlagt

* Ulrich Mann, *Minoische Tragödie. Kretas Geschichte und Kult als dramatisches Geschehen.*

ist, Voraussetzung dafür, dass der Mensch den Weg zur Individualisierung beschreiten kann. Auf diesem Wege musste der «Stier» – als Bild des schöpferischen, erotischen Willens – wegen seiner überwältigenden Lebenskraft einem vom Bewusstsein abgesonderten Gebiet zugeordnet werden – einer Nachtseite des Lebens, wo er in schlafenden Prozessen tätig sein kann. Das Bewusstsein könnte den Riesen nicht ertragen. Es muss daher weitgehend von ihm unberührt bleiben. Nur so kann das Ziel des Menschen – Verwandlung und Entwicklung zur Freiheit – möglich werden.

Andreas Suchantke beschreibt in dem Buch *Die Geschlechtlichkeit des Menschen* (im Kapitel: «Sexualität – Individualität – Bewusstsein») die Sexualität als eine höchste Konzentration von schöpferischen Lebensprozessen, welche im Leben der Natur beherrschend erscheinen. Diese schließen jedoch Bewusstsein aus. Bewusstsein beinhaltet Todesprozesse. Der Mensch, der Bewusstsein ausbildet, lernt – verkürzt gesagt – den Tod für sein Denken fruchtbar zu machen. Jeder Bewusstseinsakt bedeutet ein kleiner Tod, insofern er Einzelheiten aus dem Lebensfeld des Menschen isoliert und festhält. Er bewirkt damit immer auch einen Vitalitätsverlust. Bewusstsein und die Macht des Stieres, mit seinen Willens- und Lebensprozessen stehen sich somit gegenüber, wie zwei feindliche Bewohner eines Hauses. Individuelle Wesen – d.h. Wesen mit Selbstbewusstsein – können diese höchste Steigerung der Lebensprozesse im sexuellen Fortpflanzungsgeschehen nicht mehr in ihrem Wesenszusammenhang vornehmen, ohne Bewusstsein zu verdrängen. Sie müssen daher mit beiden so leben, dass sie diese getrennt von einander beherbergen. Sie müssen die Lebensprozesse abgesondert – in Keimbahnen – in sich tragen. So bedeutet die Ausbildung der sexuellen Fortpflanzung, welche diese Trennung vornimmt, weitgehende Entlastung, Befreiung der körperhaften Wesen vor der Regie des Gattungsmäßigen (das auf Keimdrüsen, Keimbahnen beschränkt ist). Dieser Befreiungsprozess schafft Platz für individuelles Bewusstsein.

Sexualität tritt allerdings beim Menschen zunächst nicht individuell auf; jedoch sie geschieht – im Gegensatz zur ungeschlechtlichen Fortpflanzung niederer Tiere – von Anfang an *selbstständig*. Diese Selbstständigkeit ist ein Merkmal dafür, dass sich hier eine Selbstheit ausspricht, die auch ein Bewusstsein von sich und ihren Taten und ihren Motiven (Sehnsüchten und Wollungen) ausbilden kann. Da aber das individuelle Bewusstsein an der Zurückdrängung der Dominanz des Körperlichen arbeitet – leibfreies Bewusstsein ist die Voraussetzung für den Weg zur Freiheit –, wurde die Sexualität im Zuge der Bewusstseinsentwicklung immer weiter ins Unbewusste gedrängt; ein Vorgang, der vor allem in bezug auf die sexuell gesteuerte Liebe eine große Rolle spielt. Diese «Liebe» ist – im Unterschied zur Sexualität selbst – ein Verbindungsglied. Sie vermag nämlich die totale Trennung von Geschlechtlichkeit und Individualität im Menschen zu überbrücken. Sie heilt die Spaltung, indem der Liebende auch auf sexuellem Gebiet menschlich handelt und Bewusstsein von sich hat. Insofern trägt die sexuelle Liebe eine Aufgabe von großer Reichweite. Und jede Erziehung müsste hier ansetzen. Würde diese Triebkraft zu tief im Dunkel des Unbewussten – in den Schlaf – gezogen, total abgetrennt vom bewussten Leben des Menschen, nähme sie teil an den Verfallskräften, den Degenerationserscheinungen abbauender Menschlichkeit. Die in unserem Jahrhundert stattgefundene sexuelle Aufklärung hat allerdings diese Erziehungsaufgabe kaum geleistet. Sie hat lediglich «Liebe» technisiert, machbar gezeigt.

Sexuelle Liebe dient – und das ist von entscheidender Bedeutung – schon längst nicht mehr allein der Fortpflanzung. Sexualität wird unabhängig davon vermehrt als Erlebnisfeld überwältigend lustvoller Lebensprozesse im Menschen selbst gesehen; ebenso als ein Versuch, über alle Schranken menschlicher Abgeschlossenheit hinweg sich dem (geliebten) Du zu nähern. Darin enthalten liegt die große Sehnsucht nach grenzüberschreitenden, zumeist sensationellen Erfahrungen. Dies charakterisiert ein Symptom unserer Zeit. Wir fühlen uns eingesperrt in unserem Ich; wir suchen dem Individualismus – so sehr wir ihn auch genießen – immer wieder zu entfliehen. Auch wenn unser gesteigerter Egoismus diese Einsperrung verstärkt, wir wollen dennoch nicht darin eingeschlossen bleiben. Die Überwindung der eigenen Mauern gelingt in der körperhaft funktionierenden Liebe leicht und auf naturhafte Art. Der Stiersprung geschieht hier oft ohne Wissen, was man bewegt und somit mit verbundenen Augen, und zumeist ohne dass man den Partner dabei aufzufangen versteht. Es ist zumeist eine Grenzüberschreitung ins Blinde, Vage, aber eine Grenzüberschreitung über die Brücke der «Lust». Insofern müssen wir nicht körperliche Funktionen allein begreifen, sondern den tieferen Grund der seelisch aufkeimenden Lust zu erfahren suchen, wenn wir «Liebe» verstehen wollen.

Lust heißt der Zauberstab, der die Tore zur Überbrückung des Getrennten – im Menschen selbst und vom Ich zum Du – öffnet. Die sexuelle Liebe lehrt uns, wie der Sprung über den Stier mit offenen Augen zu wagen ist. Lust, als ihr Motiv, befeuert von Lebenskräften, vermittelt somit den Tod im Leben. Ich-Bewusstsein und anonyme Lebenskraft begegnen sich in der Lust. Sich lustvoll in bestimmte Lebensvorgänge hineinzufühlen, bedeutet: über Grenzen zu gehen. Was wir genießen – wie beim Essen und Trinken – dessen werden wir teilhaftig; die andere Substanz, die wir aufnehmen, erweitert uns über unsere Enge hinaus.

 Rudolf Steiner äußerte sich in verschiedenen Zusammenhängen über Sinn und Auftrag menschlicher Lustempfindung; zum Beispiel in seinem Vortragskurs über Ton-Eurythmie: «In Lust verfallen heißt eigentlich, sich in die Umgebung verlieren. Alles, was Lust macht, ist eigentlich ein Sichverlieren des Menschen. Und alles, was Schmerz macht, ist ein zu starkes Sichgewahrwerden. Denken Sie nur, wieviel stärker Sie bei sich sind, wenn Sie krank sind und irgendeinen Schmerz haben, als wenn der ganze Leib schmerzlos dasteht. Sie sind zuviel bei sich, Sie haben sich zuviel gefunden im Schmerz und Sie sind im Verlieren oder verlieren sich ganz in der Lust. Das harmonische Empfinden des Menschen bildet die Gleichgewichtslage zwischen Lust und Schmerz, weder im Aufgehen in Lust noch im Aufgehen im Schmerz.»*

In *Wie erlangt man Erkenntnisse der höheren Welten?* differenziert Rudolf Steiner noch weiter. Er schreibt (im ersten Kapitel über «Bedingungen» der Geheim-, d.h. der Geistesschulung), dass der Erkenntnissuchende sich ein «reiches Innenleben» aneignen muss. Er muss intensiv lernen zu erleben. «Erst was wir im Innern erleben, gibt uns den Schlüssel zu den Schönheiten der Außenwelt. (...) Man muss gelernt haben, mit seinen eigenen Gefühlen, Vorstellungen umzugehen, wenn man ein inhaltvolles Verhältnis zur Außenwelt entwickeln will.

* Rudolf Steiner, *Eurythmie als sichtbarer Gesang,* 2. Vortrag.

Die Außenwelt ist in allen ihren Erscheinungen erfüllt von göttlicher Herrlichkeit, aber man muss das Göttliche erst in seiner Seele selbst erlebt haben, wenn man es in der Umgebung finden will. (...) Und er (der Schüler) wird vorbereitet dadurch, neue Eindrücke in der Außenwelt mit ganz anderen Augen zu sehen als vorher. Wer nur Eindruck nach Eindruck *genießen* will, stumpft sein Erkenntnisvermögen ab. Wer, nach dem Genuss, sich von dem Genusse etwas *offenbaren* lässt, der pflegt und erzieht sein Erkenntnisvermögen. Er muss sich nur daran gewöhnen, nicht etwa nur den Genuss nachklingen zu lassen, sondern mit Verzicht auf weiteren Genuss, das Genossene durch innere Tätigkeit zu verarbeiten.»

Man kann nur erleben, was man tätig hervorbringt und der Genuss leitet dazu an. Doch ist er auch ein Verführer. «Er (der Geheimschüler/der Mensch) muss ja hindurch zwischen einer Schar von Verführern seiner Seele. Sie alle wollen sein ‹Ich› verhärten, in sich verschließen. Er aber soll es aufschließen für die Welt. Er *muss* ja den Genuss suchen; denn nur durch ihn kommt die Außenwelt an ihn heran. Stumpft er sich gegen den Genuss ab, so wird er wie eine Pflanze, die aus der Umgebung keine Nahrungsstoffe mehr an sich ziehen kann. Bleibt er aber beim Genusse stehen, so verschließt er sich in sich selbst. Er wird nur etwas *für sich*, nichts für die Welt bedeuten. (...) Der Geheimschüler betrachtet den *Genuss* nur als ein *Mittel,* um sich *für die Welt* zu veredeln. Der Genuss ist ihm ein Kundschafter, der ihn unterrichtet über die Welt; aber er schreitet nach dem Genuss durch den Genuss zur *Arbeit* vorwärts.»*

Lust ist Botschaftsträger. Sie verspricht Mitteilungen von einem Fremden, anderen, dem ich mich in der Lust annähere. So wie ich mir, wenn ich das Brot esse, das mir schmeckt, in der Geschmackslust das Brot unbewusst, d.h. über Lebensfunktionen aneigne. Der Genuss schließt es auf. Was ich also bewusstseinsmäßig noch nicht vermag, nämlich den intimeren aufschließenden Faktor zu aktivieren, um diese Mitteilung erkennend zu verarbeiten und über die Grenzen meines Tagesbewusstseins die Substanzen des Brotes mir anzueignen, dies müsste auch bewusst zu leisten sein. Die leibliche Lust eröffnet leibliche Funktionen. Und nur dasjenige, was gut schmeckt, also Lust erzeugt, wird auch verdaut. Lust öffnet die fremde Substanz, so dass sie sich mitteilt im Wärmestrom des Lebens. Eine ähnliche Erfahrung müsste auch für das Bewusstsein – im Wärmestrom der Liebe – möglich sein.

Sinnliches Erleben kann als Vorübung für ein geistiges Leben betrachtet werden. Gegen Ende seines bereits erwähnten Schulungsbuches schreibt Rudolf Steiner: «Wer aber diesen Einblick (in übersinnliche Welten) getan hat, der weiß, dass er ohne die Erlebnisse in der

* Rudolf Steiner, *Wie erlangt man Erkenntnisse der höheren Welten?* S. 27.

sichtbaren Wirklichkeit ganz ohnmächtig in der unsichtbaren wäre. Soll er in der letzteren *leben*, so muss er Fähigkeiten und Werkzeuge zu diesem Leben haben. Die kann er sich aber nur in der sichtbaren erwerben. Er wird geistig *sehen* müssen, wenn die unsichtbare Welt für ihn bewusst werden soll. Aber diese Sehkraft für eine ‹höhere› Welt wird durch die Erlebnisse in der ‹niederen› allmählich ausgebildet. Man kann ebensowenig in einer geistigen Welt mit geistigen Augen geboren werden, wenn man diese nicht in der sinnlichen sich gebildet hat, wie das Kind nicht mit physischen Augen geboren werden könnte, wenn diese sich nicht im Mutterleibe gebildet hätten. (...) Aber der Mensch muss in die zukünftige übersinnliche Welt alles mitbringen, was er aus der Sinnenwelt herausholen kann.»* Diese Frage wird ganz aktuell auf dem Gebiet der sexuellen Liebe; vor allem dann, wenn man diese abgesondert von den Funktionen der Fortpflanzung betrachtet.

Die auf den Bahnen der sexuellen Lust angestrebte Wesensbegegnung mit dem Du – im gegenseitigen Austausch von Lebenskräften – offenbart eine ungeheure Sehnsucht auf diesem Gebiet. Heute, auf der Höhe des Individualismus, ersehnen wir die Sprengung der Mauern unserer Einsamkeit. Über die Grenzen unseres Ich zum Du zu gelangen – diese Grenzüberschreitung –,

* Rudolf Steiner, *Wie erlangt man Erkenntnisse der höheren Welten?* S. 205/206 und S. 210.

erhoffen sich viele in der sexuellen Begegnung. Geben doch andere Begegnungsmöglichkeiten so wenig her. Sie bleiben beschränkt auf intellektuellen Austausch, auf gemüthaftes Verstehen, gewähren aber keinen Wesenstausch. Eine Wesensbegegnung als Wesensaustausch müsste – so ersehnen wir es – in der ekstatischen Lust und in ihren geheimnisvollen Lebensfunktionen stattfinden. In der ekstatischen Lust ereignet sich ja immer auch eine naturhaft eintretende, partielle Exkarnation, ein naturhaftes Auftauchen an einem anderen Ort, bei einem anderen Menschen, in einem anderen Karma. Zurückgekehrt in unseren Leib finden wir uns wie nach dem Genuss des Brotes – wenn es im notwendigen Rahmen der Lebenskräfte, ihres Hungers oder ihrer Sehnsucht bleibt – merkwürdig erfrischt, vielleicht auch in unserem Lebensgefüge erneuert. Aber wir wissen nicht, was uns geschah. Jede Erklärung, lebensmäßig oder ernährungstechnisch funktionell, trifft die Frage im Grunde nicht. Die Beantwortung der Frage: wie kann Lust oder Genuss verarbeitet und damit ihre Mitteilung erkannt werden, könnte durch die Verlegung des Problems auf das Gebiet der Kunst erleichtert werden. Der Begriff «Kunstgenuss» spielt dabei eine entscheidende Rolle. Ich möchte behaupten, dass ohne Kunstgenuss kein wahrhaftiges Kunsterkennen möglich ist. Wir müssen ein Kunstwerk genießen können, wenn wir seine Schönheit, seinen Auftrag, seinen wesentlichen Gehalt, sein Wesen erkennen wollen. Ohne Genießen keine Annäherung. Alles andere bleibt kalte, blasse und leere Theorie. In dem erweckenden Reiz des Genießens, der Lust, können wir uns erst aufschließen für die ganz andere und neue Vision eines Kunstwerkes. Jeder Genuss entwickelt einen Ausnahmezustand, in dem wir unsere Tore öffnen für die Grenzüberschreitung in das andere, fremde Land. In diesen Ausnahmezustand können aber auch erweiterte Bewusstseinskräfte eingreifen.

Ich sah einmal in ein unbeschreiblich verzücktes Gesicht eines uralten, verknöcherten Menschen, der ein Musikwerk anhörte. Ich sah, wie es weich wurde im Genuss; wie es sich jugendlich veränderte, Grenzen überschritt und auf der anderen Seite unendlich Wunderbares wahrnahm. Der Ausnahmezustand im Augenblick des Genusses war unübersehbar. Warum also sollten nicht auch auf jedem anderen Gebiet solche wesenhaften Grenzüberschreitungen möglich werden?

Heinrich Böll hat in einer seiner einzigartigen Erzählungen eine solche Ausnahmesituation geschildert.

Ohne Genießen keine Annäherung.

«So», sagte er leise, «ich greife einfach hinein

in die Atmosphäre, und ich spüre, wie meine Hände

länger und länger werden und wie sie hinaufgreifen

in einen Raum, in dem andere Gesetze gültig sind,

sie stoßen durch eine Decke, und dort oben liegen

seltsame, bezaubernde Spannungen, die ich greife,

einfach greife ... und dann zerre ich ihre Gesetze,

packe sie, halb räuberisch, halb wollüstig,

und nehme sie mit!»

3.
Es war ein herrliches Gefühl – *die schöpferische Ekstase*

«Es war ein herrliches Gefühl; es währte vielleicht zwei Sekunden, ich weiß es nicht. Während ich das leise Zischen der Messer hörte und den kurzen heftigen Luftzug, wenn sie neben mir in die Kulissentür schlugen, glaubte ich auf einem sehr schmalen Balken über einem unendlichen Abgrund zu gehen. Ich ging ganz sicher und fühlte doch alle Schauer der Gefahr ... ich hatte Angst und doch die volle Gewissheit, nicht zu stürzen; ich zählte nicht, und doch öffnete ich die Augen in dem Augenblick, als das letzte Messer neben meiner rechten Hand in die Tür schoss ...» Diese Passage aus der Erzählung *Der Mann mit den Messern* von Heinrich Böll schildert eine Situation im Leben eines Menschen, in welcher er – herausgehoben aus seiner Alltäglichkeit – etwas kennenlernt, was als Ausnahmesituation bezeichnet werden kann. Das «herrliche Gefühl» öffnet das Tor zu einem «anderen Raum», in dem andere Gesetze und Bedingungen herrschen, die in keiner Weise mit dem Alltag zu vergleichen sind.

Heinrich Böll vermittelt in dieser Erzählung eine intime Erfahrung von höchster spiritueller Aktualität im Rahmen einer sehr einfachen Geschichte. Die kurze Erzählung *Der Mann mit den Messern* spielt in einer Zeit gleich nach dem Zweiten Weltkrieg, da noch viele Menschen entwurzelt und entsichert waren, im Milieu der Hinterhöfe und billigen Kaschemmen. Zwei Männer treffen sich auf der Straße. Der eine – der Erzähler – ist infolge einer Kriegsverletzung an der Schulter gelähmt. Trotzdem schleppt er Steine am Bau, für ein halbes Brot täglich, um überleben zu können. Der andere hat dreizehn Messer geerbt, mit denen er nach und nach eine große Fertigkeit im Werfen erlangt hat. So findet er seinen Broterwerb als Varieté-Künstler im primitivsten Ambiente. Der Messerwerfer – Jupp mit Namen – heckt nun mit dem Kumpel von der Straße eine gemeinsame Varieté-Nummer aus, bei welcher der andere seine Zielscheibe werden soll. Messerscharf will er die Umrisse des anderen mit seinen Messern nachzeichnen. Der Kumpel von der Straße spielt zunächst nur mit, um sich auf leichtere Art als Steineschleppen ein paar Mark zu verdienen. Doch die Situation spitzt sich zu. Dem Erzähler wird plötzlich das Risiko bewusst, das er einzugehen gewillt ist. Und nun spielt sich ein Ringen um Vertrauen ab, im Bewusstsein des gegenseitigen Angewiesenseins, das aber doch die Voraussetzung für das gemeinsame Spiel ist. «‹Ich habe Angst›, sagte ich leise. ‹Hab ich auch. Hast du kein Vertrauen zu mir?› – ‹Doch, gewiss … aber

... komm›, sagte ich heiser, drängte ihn nach vorne und fügte hinzu: ‹Mir ist alles gleich.› (...) Dann, als er alle Messer geborgen hatte, wandte er sich zum Publikum, und auch seine Stimme war ekelhaft geschminkt, als er nun sagte: ‹Ich werde Ihnen diesen Herrn mit Messern umkränzen, meine Herrschaften, aber sie sollen sehen, dass ich nicht mit stumpfen Messern werfe ...› Dann zog er einen Bindfaden aus der Tasche, nahm mit unheimlicher Ruhe ein Messer nach dem anderen aus dem Etui, berührte damit den Bindfaden, den er in zwölf Teile zerschnitt; jedes Messer steckte er ins Etui zurück. / Währenddessen blickte ich weit über ihn hinweg, weit über die Kulissen, weit weg auch über die halbnackten Mädchen, wie mir schien, in ein anderes Leben ... / Die Spannung der Zuschauer elektrisierte die Luft. Jupp kam auf mich zu, befestigte zum Schein den Strick noch einmal neu und flüsterte mir mit weicher Stimme zu: ‹Ganz, ganz still halten, und hab Vertrauen, mein Lieber...› / Seine neuerliche Verzögerung hatte die Spannung fast zur Entladung gebracht, sie drohte ins Leere auszufließen, aber er griff plötzlich seitlich, ließ seine Hände ausschweben wie leise schwirrende Vögel, und in sein Gesicht kam jener Ausdruck magischer Sammlung, den ich auf der Treppe bewundert hatte. Gleichzeitig schien er mit dieser Zaubergeste auch die Zuschauer zu beschwören. Ich glaubte ein seltsam schauerliches Stöhnen zu hören, und ich begriff, dass das ein Warnsignal für mich war. / Ich holte meinen Blick aus der unendlichen Ferne zurück, blickte Jupp an, der mir jetzt so gerade gegenüberstand, dass unsere Augen in einer Linie lagen; dann hob er die Hand, griff langsam zum Etui, und ich begriff wieder, dass das ein Zeichen für mich war. Ich stand ganz still, und schloss die Augen ... Es war ein herrliches Gefühl ...»

An dem entscheidenden Punkt, nachdem Angst und Vertrauen die Klingen gekreuzt hatten und der schmale Balken über dem Abgrund bewältigt worden war, hebt dieses herrliche Gefühl den Erzähler in die Höhe und eröffnet ihm ein anderes Lebensgefühl in einem anderen Raum. Das Abenteuer gewinnt damit symptomatischen Charakter und das Handlungsbild vom Mann mit den Messern und seines Mitspielers verlässt die Ebene eines Realvorgangs und beschwört das Bild einer schöpferischen Ekstase. Die armselige Kulisse der Varieté-Bretterbühne verklärt sich aus dem Blickwinkel dieses «anderen Raums». Böll lässt keinen Zweifel: dieser ekstatische Raum ist kein irdischer. Er stellt die Beschreibung dieses anderen Raumes gleich an den Anfang der Erzählung und entwickelt sie durch den Hinweis auf die Dimension der «Zeit». Dem Erzähler fällt auf, dass Jupp, der Messerwerfer, ohne eine Uhr zu besitzen, immer in der Lage ist, die genaue Zeit zu wissen. Er fragt ihn, wie das möglich wäre: «‹Aus dem Gefühl – das gehört zu meinem Training› (...) ‹Es ist so›, sagte Jupp im Hinuntersteigen, ‹ich habe mich bemüht, gewissen kosmischen Gesetzen auf die Spur zu kommen. So.› Er setzte den Koffer auf einen Treppenabsatz und streckte die Arme seitlich aus, wie auf manchen antiken Bildern Ikarus abgebildet ist, als er zum fliegenden Sprung ansetzt. Auf seinem nüchternen Gesicht erschien etwas seltsam Kühl-träumerisches, etwas halb Besessenes und halb Kaltes, Magisches, das mich maßlos erschreckte. ‹So›, sagte er leise, ‹ich greife einfach hinein in die Atmosphäre, und ich spüre, wie meine Hände länger und länger werden und wie sie hinaufgreifen in einen Raum, in dem andere Gesetze gültig sind, sie stoßen durch eine Decke, und dort oben liegen seltsame, bezaubernde Spannungen, die ich greife, einfach greife ... und dann zerre ich ihre Gesetze, packe sie, halb räuberisch, halb wollüstig, und nehme sie mit!› Seine Hände krampften sich, und er zog sie nahe an den Leib.»

Diesem anderen Raum mit seinen kosmischen Gesetzen, kann sich also der Messerwerfer «halb räuberisch, halb wollüstig» durch den «fliegenden Sprung» der immer länger und länger werdenden Hände annähern, bis sie die Decke des irdischen Raumes durchstoßen. Das Bild, das Böll hier gebraucht, erscheint märchenhaft, wie aus einer alten magischen Kiste geholt. Dennoch ist es im spirituellen Sinn exakt. Der Messerwerfer hat sich kontemplativ die Fähigkeit angeeignet, in ein erweitertes

Bewusstsein einzutauchen, in dem er seinen Willen instrumentalisieren kann. Die immer länger werdenden Hände sind ein Bild dieser neuen Organe. Mit diesen greift er in den anderen Raum. Auch die Messerwürfe sind Resultate dieser neuen Fähigkeit. Die immer länger und länger werdenden Hände fliegen mit den Messern ins Ziel, ordnen und führen den Flug. So kann kein Messer die Gestalt des Kumpels verfehlen, sie aber auch nicht verletzen. Diese Fähigkeit – sie mag magisch erscheinen – ist eine Fähigkeit außergewöhnlicher ekstatischer Kraft. Derjenige, der sich diese Fähigkeit aneignet, tritt aus irdischen Zusammenhängen, ihren Gesetzen und Bedingungen heraus und in andere Zusammenhänge hinein: zunächst in Räume lebendiger Zusammenhänge; d.h. ätherisch-schöpferischen Wachstums. Jeder Künstler sucht diese zu ergreifen – halb bewusst. Aber auch der Liebende findet sie – tief im Schlaf. Es sind dies schwimmende, bewegte Räume, mit anderen Dimensionen und unsicher im irdischen Sinn. Sie sind nur durch Übung in größter Anstrengung zu erreichen; und dann auch nicht immer mit Gewissheit. Aber sie werden begleitet von jenem «herrlichen Gefühl», das diesen Ausnahmezustand eröffnet. Dieses Gefühl, das Lust und Mut zum Außergewöhnlichen zusammenstimmt, kennt jeder Künstler im Augenblick des höchsten Schaffens. Ich möchte sagen: ohne dieses gibt es kein wahrhaftes Kunstschaffen, aber auch kein Kunsterkennen. Dieser

Ausnahmezustand ist wie ein Prüfstein, eine Schwelle, an der sich wirkliche Kunst von der Illusion, dass ein Kunstwerk einfach so zu «machen» sei, unterscheidet; einem Irrtum, dem der experimentell und rein technisch orientierte Künstler oftmals unterliegt.

An diesem Phänomen des «anderen Raumes», den der Mensch in einem Ausnahmezustand gewinnen kann, wird das Ungeheuerliche, Geheimnisvolle, das Mysterium der Kunst und der Liebe, das nicht von dieser Welt ist, sichtbar. Heinrich Böll beschwört diese Tatsache mit der fast magisch anmutenden Beschreibung von den immer länger und länger werdenden Händen, die in den anderen Raum hinaufgreifen und dort dessen andere Gesetze herausholen und mitnehmen. Mit diesen Händen vermag der Messerwerfer, seinen Kumpel mit der Schärfe seiner Messer zu «lieben», indem diese dessen Gestalt zärtlich berühren und umschmiegen. Aber diese Hände wollen auch Bewusstsein mitnehmen, Erkenntniskräfte entzünden; denn nur so schließt sich das Geheimnis des anderen Menschen auf.

Kunst – ohne den Schimmer des Wunderbaren, des ideellen Scheins – wäre keine Kunst. Sie braucht die Berührung mit dem Geheimnis des «anderen Raumes». Franz Marc beschrieb einmal (in seinen Aphorismen?) sein Kunstschaffen mit der Formel: «Auftauchen am anderen Ort». Erst wenn wir in dieses Mysterium des «Auftauchens am anderen Ort» einzudringen versuchen, kann jenes «herrliche Gefühl» des Kunstgenusses das Werk aufschließen.

Auf eine zeitgemäß verborgene Weise, welche die Mysterien in moderne «Bahnhöfe» (Beuys) verlegt, beschreibt hier Heinrich Böll den minoischen Stiersprung. Beide – der Messerwerfer und sein Kumpel – packen den Stier des schöpferischen Liebe-Willens bei den Hörnern. Im Absprung mischen sich Mut und Vertrauen und geben dem Sprung die Energie der Höhe; der Balken über dem Abgrund wird von den länger und länger werdenden Händen gehalten; – und dann der herrlich lustvolle Salto über dem Rücken des Stiers und dieses herrliche Gefühl, das andere Räume entdeckt. Und zum Schluss jenes Auffangen des Partners im zärtlichen Berühren; kein Messer hat ihn verletzt.

Ekstasen aus Lust, in welchen sich der schöpferische Eros – der kosmogonische Eros – zeigt, vermittelt uns neben der Kunst auch die Energie der sexuellen Liebe. Wir werden, wenn wir uns ihnen nähern, von diesen Energien der Lebenskräfte mitgerissen. Wir vertrauen uns dabei Kräften an, die wir nicht kennen, die uns aber instinktiv begaben. Und weil diese Begabung so ungeheuerlich ist, hoffen wir, durch sie immer weiter in andere Räume zu gelangen. Jenseits vom Fortpflanzungsgeschehen wollen wir hier die Lust rein, d.h. ohne Zweck – auch ohne Angst, dass ein fremder Zweck sich einschleicht – genießen. Vielleicht auch hoffen wir, in diesen anderen Räumen einer neuen Wesensbegegnung des Du, des Liebespartners, entgegen geführt zu werden. Die Ekstase führt uns jedoch zunächst nur an eine Grenze. Die Sekunden-Zeitspanne, in der eine Überschreitung geschieht, löst nur unsere Bewusstseinskräfte auf. Diese bleiben an jener Grenze zurück. Erwachend aus dem Schlaf der Lust sind wir zumeist nur uns selbst begegnet. Wir haben uns selbst genossen; nicht das Du, den Partner der Liebe. Ja, er hat mitgespielt; aber haben wir uns gegenseitig begriffen? Wir haben nach dem hochgerissenen Salto über dem Stier im Grunde nur uns selbst aufgefangen. Aus dieser Enttäuschung heraus suchen viele immer wieder die erneute Lust, welche aber nur den Selbstgenuss steigert; oder aber, was noch wahrscheinlicher ist, welche die Botschaft der Lust durch ein Trommelfeuer der Lüste tötet. Lust aber sollte andere Räume öffnen, die Wahrnehmung des ganz anderen vorbereiten. So wie es Rudolf Steiner schreibt: Der Mensch «muss ja den Genuss suchen, denn nur durch ihn kommt die Außenwelt an ihn heran.» Doch muss er dann das Genossene durch innere Tätigkeit des Erkennens verarbeiten. Hat aber die Lust uns nichts mehr mitzuteilen, degeneriert sie zum narzisstischen Selbstgenuss. In diesem bleiben die Wege zu anderen Räumen versperrt.

Hier ist eine Grenze gesetzt. Können wirklich andere Räume – Räume des Du – in der sexuellen Ekstase erkennbar werden? Was in der künstlerischen Ekstase – im seelischen Genuss – noch gelingen mag, ist doch zu unterscheiden von dem körperhaften Genuss, der Lust an körperhaften Instinkten. Nicht nur, dass diese letzteren ungemein überwältigender sind, sie sind auch kaum, oder nur wenig steuerbar. Wir haben sie nicht in der «Hand». Wir werden von ihnen überrascht und beherrscht. Im Kunstgenießen beschreiten wir Wege in seelisch-geistige Gebiete, die zwar auch über die Sinne, so doch nicht auf körperbezogene Reize antworten. Diese letzteren sind jedoch instinktiv verstärkt; sie laufen von Instinkten gesteuert ab und sind so seelisch-geistig in keiner Weise bewältigt. Da aber alle Instinkte heute unsicher werden und daher immer wieder zu hinterfragen sind – sie entgleiten uns, degenerieren und werden dämonisch (ein Beispiel hierfür ist nicht nur der technisierte Sex sondern auch die Esskultur oder -*un*kultur) – so ist auch die sexuelle Lust immer weniger vorbildlich gesichert. Wir müssen auch hier den Instinkten misstrauen. Oder besser: Sie müssen von einer Bewusstseinskraft geleitet werden. Diese Bewusstseinskraft kann die persönliche Liebe sein.

Liebe und Sexualität ist nicht identisch. Sexualität ist anonym; Liebe kann nur individuell, persönlich auftreten. Sexualität scheut das Bewusstsein; Liebe braucht Bewusstsein. Wo beides zusammentrifft, kann allerdings menschlich zusammenwachsen, was in der Natur getrennt wurde. An diesem Ort kann auch die Sexualität des Menschen sich verwandeln.

Sexualität ohne Liebe hat in diesem Sinne überhaupt keine Chance. Und weil wir einen so dürftigen Begriff von Liebe haben oder einen zu hohen, abstrakt abgehobenen, wird an ihre Stelle gern die pralle Kraft der Sexualität gesetzt. Doch die Instrumentalisierung der Liebe durch die Sexualität bedeutet nicht, dass das, was hier geschieht «Liebe» sei. Liebe – der schöpferische Eros – ist mehr. Wir ahnen lediglich ihre Kraft in der Sexualität, ihr geheimnisvolles, gewaltiges Vermögen – doch hier bleibt sie Instinkt, wie aus einer fernen Quelle geleitet. Liebe will aber Bewusstsein. Sie will den ganzen Menschen; nicht nur die an bestimmte Organe gefesselte elementare Gewalt. So wird der entwickelte Mensch nach und nach sich dieser Einschränkung entledigen. Nach Rudolf Steiner sind die Sexualorgane die spätesten Organe des Menschen, ihm als letztes zugeordnet; sie werden als erstes wieder vergehen. Bis dahin muss aber die Liebefähigkeit des Menschen so gewachsen sein, dass er den anderen Menschen wie ein Schöpfungswort auszusprechen vermag.*

Aber ich glaube nicht, dass sexuelle Enthaltsamkeit allmählich zu dieser gesteigerten Liebe führt. Die Erfahrung auf diesem Gebiet wird notwendig sein, will der Mensch die ganze Kraft der Liebe erfahren. In einem Vortrag sprach Rudolf Steiner von diesem «Widerspruch-

* Rudolf Steiner, *Der Mensch als Zusammenklang des schaffenden, bildenden und gestaltenden Weltenwortes.*

vollsten im Wesen des Menschen», dass er «gerade in den Organen, die man gewöhnlich die Organe seiner niederen Natur nennt, das Ebenbild der Götter ist. Nur ist dieses Ebenbild der Götter, so wie der Mensch auf der Erde ist, verdorben.»* Aus diesem Grunde glaube ich auch nicht, dass ohne Genuss-Erfahrung, ohne ein sensibilisiertes Befragen der Lust-Empfindung der Schleier dieser Verdorbenheit gehoben und eine Wendung zu den Bewusstseinskräften der Liebessehnsucht stattfinden kann. Auch in diesen muss die Öffnung durch die Lust – durch ein Liebe-Genießen – zum Du führen. Der Wesenstausch wird erst hier – im vollen Bewusstsein des «herrlichen Gefühls» – wirklich stattfinden und die Grenzüberschreitung zum Wesen des anderen erst hier gelingen können.

Der philosophische Mensch, der nach Erkenntnis strebende, besitzt eine verhängnisvolle Neigung zum Leiden. Erkenntnis muss leidend errungen werden. Leiden ist unser Lehrmeister. Das stimmt auch in vielen wesentlichen Erfahrungen des Lebens. Jedoch lehrt uns die Begegnung mit der Kunst nicht ein gegenteiliges Verhalten? Kunstgenuss ist der größte Lehrmeister des Menschen. Hier wächst er über sich hinaus in eine ideale Welt. Und überall dort, wo eine Sache künstlerisch gehandhabt wird, vermittelt sie sich über die Freude, über

* Rudolf Steiner, *Die spirituellen Hintergründe der äußeren Welt.*

den Genuss. Wenn Erziehung zur *Erziehungskunst* wird, Medizin zur *Heilkunst* sich steigert, dann gewinnt der Mensch auch über die Kunst der Liebe eine fortschrittliche Stufe seiner Entwicklung.

Weil wir einen so dürftigen Begriff von Liebe haben

oder einen zu hohen, abstrakt abgehobenen,

wird an ihre Stelle gern die pralle Kraft

der Sexualität gesetzt.

Keine Theorie über das soziale Leben

könnte ersetzen, was die Schule der Sehnsucht

nach dem anderen Menschen,

nach einem Du, vermag.

4.
Lehre mich Sehnsucht –
ein Schiff für die Liebe

«Wenn du ein Schiff bauen willst, so trommle nicht die Menschen zusammen, um Holz zu beschaffen und Werkzeuge vorzubereiten oder die Arbeit einzuteilen und Aufgaben zu vergeben, sondern lehre die Menschen die Sehnsucht nach dem endlosen, weiten Meer» (Saint-Exupéry). Sehnsucht nach dem offenen Meer – kann sie gelehrt werden? Kann dieses Gefühl die Bewegtheit der Wasser vermitteln – Gefahr unter den Füßen, Sturm über der Stirn, kein Land weit und breit? Kann sich in diesen Sehnsuchtssinn nach dem Offenen und Ungestalteten stark genug ein Bewusstsein vom eigenen Land, dem individuellen Eigentum einer leiblichen Existenz einmischen, so dass daraus sich ein Schiff bilden kann? Jeder Mensch trägt Sehnsüchte in sich; sie beziehen sich auf ein weites Feld seines schicksalhaften Daseins. Sie warten in ihrer Vielzahl zumeist ungeprüft in den Toren seines Lebens; und wenn eine davon aufbricht, geht das Tor zu seinem Innern weit auf. Der Mensch spannt sich zur «Sehne», steckt den Pfeil seiner «Suche» auf und fliegt mit ihm weit über sich hinaus. Er wächst, so weit dieser Flug reicht. Sehnsucht bedeutet somit, die Dauer eines Fluges zu meistern, in welchem sich Wesen und Erscheinung des Ersehnten – des Meeres – im Menschen selbst offenbaren können. So erbaut er das «Schiff» aus den Bedingungen seiner Sehnsucht und des Meeres selbst.

Wer keine Sehnsucht kennte, bliebe in sich verschlossen, verkümmerte in der Enge seiner selbst. Insofern kann es keinen Menschen ohne Sehnsucht geben. In der Sehnsucht offenbart sich seine Entelechie, sein innerstes Wesen, das im Ursprung schon das «Echo» seines Zieles zu hören vermag. Sehnsucht nach Werden, Sehnsucht nach Evolution ist seinem Gehör, seinem tiefsten Gehorsam eingeschrieben.

Jedoch nicht alle Sehnsüchte zeigen dieses Urmodell. Dieses liegt meistens unentdeckt im Menschen verborgen. Statt dessen tauchen an der Peripherie ungeprüfte Wünsche wie ein Wetterleuchten gefährlicher Gewitter auf, die den Menschen mitreißen wollen in den Strudel falscher Ziele. Sie wollen ihm vorgaukeln, alles sei ohne «Anlauf», ohne Sehnsuchtsschule zu erreichen. Doch wenn die Einübung in das Ersehnte entfällt, wird das Ziel schal und alt. Die Zeit hat es überholt. «Lehre die Menschen die Sehnsucht», dieser Satz von Saint-Exupéry drückt aus, dass eine wirkliche, wesentliche Sehnsucht nicht einfach da sein kann, sondern erst im Blick auf das erstrebte Ziel und sein Umfeld erlernt sein will. Kein

Ziel kann ohne Sehnsuchtsanlauf ersprungen werden. Auf diesem Schulungsweg verändert sich der strebende Mensch mit seinem Ziel. Aus der Mitte seiner Sehnsucht entspringen neue Kräfte: Kräfte des Herzens. Er lernt so mit dem Herzen zu schauen, mit dem Herzen zu denken und zu sprechen. Wer hat nicht schon erlebt, dass ihn die Sehnsucht nach einem geliebten Menschen befähigte, ein Gedicht zu schreiben oder Worte zu finden, von denen er vorher nie geahnt hat, dass er sie hervorbringen könnte. Sie sind jedoch Zeichen eines höheren Lebens, das er sich auf dem Wege der Sehnsucht erworben hat. Abstrakte Theorien hingegen erdenken die Welt-Verhältnisse zwar auf beruhigten, aber auch kalten Wegen. Der Sehnsüchtige, der mit heißem Herzen dabei ist, vermag diese Wege zu erwärmen und auf eine Ebene der reinen Menschlichkeit zu erheben. Seine «Schiffe» sind aus dem Stoff der Liebe zum Meer gebaut; so werden sie bewohnbar und fahrtüchtig. Wenn wir von Sehnsucht sprechen, wird immer die Sehnsucht nach dem Menschen-Du im Vordergrund stehen. Diese Sehnsucht erscheint als stärkste von allen. Keine Theorie über das soziale Leben könnte ersetzen, was die Schule der Sehnsucht nach dem anderen Menschen, nach einem Du, vermag. Diese Sehnsucht zeigt sich drängender, oftmals auch schmerzhafter und ohne Ersatz als viele andere. Keiner wird auf diesem Gebiet ein Meister, der sich nur in ungeklärte Triebe hängt. Den Flug dieser Sehnsucht mit allen Bewusstseinskräften zu erleben, erwirkt ein ungeheures Gefühl von Höhe, in der meine Lebensbedingungen mit denen des geliebten Menschen spielen lernen. In diesem Ringen um Annäherung und gegenseitiges Verständnis findet die wirkliche Schule der Liebe statt. Ein vorschnelles Besitzergreifen des anderen Menschen verfehlt oft die wirkliche Erfüllung. Je intensiver ein Sehnsuchtsweg erlebt wird, desto reifer die Ankunft.

Im allgemeinen erleben wir Sehnsucht als etwas Schmerzhaftes; so als würden wir auseinandergezogen und in Teile zersprengt. Ein Mensch bedarf großer innerer Sicherheit und Vertrauen zu sich selbst, will er diese Dehnung aushalten und im Sinne des oben Beschriebenen fruchtbar machen. Die soziale Frage, die Frage nach einem zeitgemäßen menschlichen Miteinander kann daher im Grunde auch nur dann gelöst werden, wenn der einzelne sich im Selbstbewusstsein als geistiges Wesen selbst erkennt und von daher seine innere Sicherheit gewinnt. Diese Gewissheit allein vermag auch die Beziehung zum Du, das sich dann auch als Geistwesen wahrgenommen fühlt, zu gestalten. In diesem Sinne ist die soziale Frage eine Frage nach geistiger Menschen-Erkenntnis.

Weil diese tiefere Einstellung zum Mitmenschen heute kaum erreicht wird, bleibt das Gebiet des menschlichen Zusammenlebens immer gefährdet. Verstärkter Egoismus und der dadurch wachsende Drang, den anderen Menschen wegzudrücken – er steht mir im Wege – oder gar ihn vernichten zu wollen, steigern sich zu einer gewaltigen Drohung. Die soziale Frage hat sich heute zum Hexenkessel bedrohlicher Gifte gesteigert. Diese Bedrohung im Zusammenhang zweier Mysterienströmungen beschreibt Rudolf Steiner in seinen Vorträgen über *Geschichtliche Symptomatologie*: «Zwei Mysterien sind von ganz besonderer Bedeutung für die Entwickelung der Menschheit im Zeitraum der Bewusstseinsseele, in dem wir drinnenstehen seit dem Beginn des 15. Jahrhunderts. Es ist das Mysterium des Todes und das Mysterium des Bösen.»* Das Mysterium des Todes rührt an das Geheimnis der Bewusstseinsseele. Im Bewusstseinspol des Menschen werden Todesprozesse fruchtbar, durch die er lernt, «in wichtigen Dingen exakt zu denken». Diese Todesprozesse drängen, wie oben ausgeführt, Lebensprozesse, die sich zum Beispiel im Fortpflanzungsgeschehen abspielen, zurück. Das ist heute überschaubar. Viel geheimnisvoller und noch unbegreifbar dringt das Mysterium des Bösen in unser Leben hinein. Doch müssen wir diese Kräfte wenigstens anfänglich erkennen lernen, da sie schon vehement in uns regsam sind. Verdrängt und unerkannt richten sie im Seelenraum ungeheuren Schaden an. So wie das Mysterium des Todes den Menschen

* Im Vortrag vom 26. Oktober 1918.

mit der «vollen Fähigkeit der Bewusstseinsseele», das heißt eines exakten Denkens, begabt – und nicht der physische Tod Ziel dieser Mysterienkräfte ist –, so wird nach Steiner das Mysterium des Bösen in Zukunft zu einer neuen spirituellen Begabung des Menschen führen – und nicht die Neigung zur bösen Tat beinhalten. Diese Neigung ist lediglich ein Abfallprodukt, welches die Energie, die dieses Mysterium aktiviert, nur vergeudet. Wir erleben diese vergeudeten Energien in ungeheurem Ausmaß als Vernichtungskräfte überall auf der Welt. Ihre wahren Energien sind jedoch in ihrem Quellgrund als eminent freiheitliche und ichhaft geprägte spirituelle Strebenskräfte angelegt, die sich vor allem in der sozialen Frage entwickeln. Darauf weist Rudolf Steiner hin: es sind Kräfte der Begabung zur sozialen, menschlichen Nähe. Solange aber im sozialen Leben die gegenseitigen Vernichtungskräfte so im Vordergrund stehen, kann das Wesen dieser Energien nicht wahrhaft erscheinen. Sie werden dort fruchtlos verbraucht. So sind noch sehr viele soziale Einübungen notwendig, bis dieses Mysterium offenbar wird. Rudolf Steiner beschreibt diese sozialen Übungen im Rahmen eines neuen «Interesses am anderen Menschen». Sie enthalten vier Stufen bis zu einem tief intimen, geistigen Durchdringen von Mensch zu Mensch, das einem geistigen Erwachen am anderen Menschen gleichkommt.

 Der Übungsweg beginnt damit, dass man sich zunächst ein wesentliches Bild vom anderen Menschen macht, welches in der äußeren Bildnatur das geistige Urbild zu erkennen gibt. «Die Menschen werden einander als Ich kennen lernen, indem sie sich wirklich anschauen lernen.» – Ich schaue auf dich in deiner ewigen Gestalt. – In der zweiten Stufe muss die Sprache so durchlässig erlebt werden, dass sie seelisch farbig erscheint. «Die Menschen werden einander farbig empfinden müssen auf dem Gebiet des Verstehens durch die Sprache.» – Ich höre auf den seelischen Grund deines Sprechens. – Als Drittes werden «die Menschen einander atmen müssen auf dem Gebiet des Fühlens». – Ich atme dein Fühlen, das mich durchzieht. – Und als Letztes werden sie «einander verdauen müssen auf dem Gebiet des Wollens». – Ich durchdringe dich im innigsten – intimen – Wollen. Diese tiefste Verbindung von Mensch zu Mensch vollzieht sich im Raum seelisch geistiger Vereinigung. Hier werden Stoffe – auch Karmastoffe – gelöst und getauscht, verwandelt und wieder neu gebildet. Ähnlich wie auf dem Gebiet der Ernährung. Indem wir das Brot schmecken, es auf der Zunge zergehen lassen, ahnen wir etwas vom Geheimnis des Stoffes, der Substanz: Brot. Der Geschmackssinn vermittelt über das lustvolle Genießen eine Ahnung dessen, was in diesem Substanzgeheimnis verborgen liegt. Rudolf Steiner sagt dazu: «Indem wir mit dem einen oder dem anderen Menschen das eine oder andere werden wollen müssen oder wollen wollen, werden wir ähnliche Erlebnisse haben, wie wir sie heute erst primitiv haben, wenn wir die eine oder andere Speise essen.» In diesem Geschehen ereignen sich Auflösungs- und Verwandlungsprozesse, damit Aneignung, Durchdringung von zwei Fremdheiten möglich wird. Diese Grenzerfahrungen erwecken, ähnlich denen des im «Stiersprung» und dem «Mann mit den Messern» erlebten, nicht das Ich allein, sondern mein Ich im Du. Das «einander verdauen auf dem Gebiet des Wollens» ist damit mehr als nur ein gemeinsamen Wollen – von vielen allzu rasch angestrebt. Es ist ein Vorgang der geistigen Kommunion (Kommunikation), in die ein «Dritter», eine Geistgestalt eintreten kann, so wie bei der sinnlichen Vereinigung die Geistgestalt des Kindes. Dieser Dritte wird das Paar weiterhin führen. Schon in der uralten indischen Kulturepoche wurde die physische Vereinigung als Bild für die mystische Ehe genommen. Sie war im Übungsweg des Menschen enthalten. Er lernte in dieser Spur die ungeheure Kraft, die in der schöpferischen Vereinigung liegt, erkennen. Er schaute «Eros», dem Gott der Liebe, in die Augen und ahnte, welche Verantwortung er trug, indem er sich auf diese Kräfte einließ. Er wusste, er darf sie nicht missbrauchen.

Kein anderes Gebiet ist heute so stark von den Mysterien des Bösen betroffen wie das Gebiet der Sexualität.

Hier treten die Gefahren so deutlich und direkt auf, dass man geneigt ist, nur noch das Böse, Vernichtende, Abartige, Krankmachende und Störende zu sehen. Ganz nahe an den Abgrund zu dämonischer Tiefe tritt der, der sich diesem Mysterium nähert. Dabei übersieht er oft, dass in diesem ausgeprägten Spielraum des Menschlichen ein großer geistiger Plan, ein Spielplan, angelegt ist.

Heute, im Zeitalter des Individualismus, kennen wir im Grunde keine mystische Nähe von Mensch zu Mensch mehr. Die «Alchemie der Nähe» ist uns verloren gegangen – notwendigerweise, wenn man die Selbstfindung des Menschen in Betracht zieht. In allen Sinnesvorgängen wirken jedoch Vor-Bilder. Sie zeigen, wie auf dem Gebiet des körperhaften Seins, das ja alles Getrennte «feststellt», eine innigste Annäherung, Durchdringung und Aneignung geschehen kann. Am geheimnisvollsten ist dies in der sexuellen Begegnung als ein mystischer Vorgang der Nähe zu erleben. Er bleibt jedoch zunächst auf das körperhafte Dasein beschränkt, in welches die Seele lediglich staunend, aber ohne Erkenntnis, mitgerissen wird. Dennoch ist er ein Vor-Bild für einen Vorgang, der sich auf anderer Ebene einmal sozial ereignen wird.

Je weniger allerdings diese sinnlichen Prozesse verstanden werden, desto mehr versammeln sich auf diesem Schauplatz die Verführer. Wieviel Ernährungsfehler machen wir, getäuscht von irregeleiteten Lust- und

Geschmacksvorstellungen. Und noch unsicherer ist der sexuelle Sinn geworden. Er hat sich – auch hier ein Individualisierungsvorgang – oft weit von der Liebekraft des Ich entfernt. Beide gehen oftmals getrennte Wege. Liebe ist manchmal ein Hindernis für die sexuelle Kraft, die sich dann ungehemmter – vom Bewusstsein persönlicher Liebe befreit – im Anonymen entfalten kann; so als müsste mir nur das schmecken, was mir selbst nicht bekommt. Mögen dies Einzelfälle sein, sie sind dennoch ein Symptom für die Krise unserer Zeit.

Diese Krise ist eingetreten, angeleitet von einem jahrhundertelangen Prozess, der mit Beginn des Christentums angefangen hat. Das Christentum lehrt eine neue Form der menschlichen Liebe: *Agape*. Darin wurde die Fähigkeit des Menschen zur Liebe der Herrschaft seines leiblichen Daseins entzogen. Liebe sollte als eine reine, selbstlose und heilsmächtige Kraft im Menschen frei aus dem Ich entstehen, das heißt ohne die Naturmacht seiner Leiblichkeit. Auf christlichem Übungsweg soll sie nun als Nächstenliebe erwachsen. Die andere, die sexuelle Liebe blieb von diesem Lernprozeß unberührt; sie blieb, unbeachtet und ins Dunkel des Unbewussten gedrängt, zurück. Dort teilte sie das Los des am Sündenfall mitschuldigen «alten Adams». Dieser Sündenplatz machte die Sexualfähigkeit zu einer heimlichen, verheimlichten Sache. Sie wurde sozusagen in die Quarantäne geschickt, als wäre sie etwas ansteckend Böses.

In der Isolation treibt sie nun jene Blüten des Bösen, von denen die Welt erfüllt ist. Gegen diesen luziferischen Verfall kämpfte die sexuelle Aufklärung, die in unserem Jahrhundert aufkam, mit Recht. Sie verfiel aber dann ins Gegenteil. Sie vermaterialisierte und ahrimanisierte das Gebiet in eine verfeinerte «Technik» zur Steigerung der Lust. Lust bedeutet nun nicht mehr «Tor» für eine verborgene Erkenntnis, sondern, indem sie sich selbst genießt, verschließt sie die Tore für immer.

Kann aber im Sinne einer zu erstrebenden Menschlichkeit – einer «schönen» Individualität – eine Individualisierung der sexuellen Liebe möglich sein? Kann sie so erlebt werden, dass die Partner sich gegenseitig in ihrem Ich erkennen können?

Sexuelle Liebe, die den Zwecken der natürlichen Fortpflanzung entzogen ist, sucht selbstverständlich eine Begegnung im Individuellen. Wo der durch sie entstehende Geistraum für die Inkarnation eines Kindes verschlossen bleiben soll, muss etwas anderes an diese Stelle treten, soll hier nicht Dämonisches einkehren. Dieses andere kann nur in zartester Gestalt wahrgenommen werden. Es wird entwickelt allein auf den Wegen der Sehnsucht – und nicht der Erfüllung. In jeder wahren Sehnsucht regen sich individuelle Willensimpulse aus dem «heiligsten Innern» des Menschen. Diesen Ausdruck für den innersten Wesenskern des Ich wählt Rudolf Steiner in vielen seiner Vorträge; zum Beispiel «das verhangenste Allerheiligste der Seele».* In Vorträgen zur anthroposophischen Gemeinschaftsbildung sagt er: «Alles, was mit dem Willen (der aus diesem innersten Wesenskern, dem ‹heiligsten Innern› entspringt) zusammenhängt, ist ja etwas Ethisches, ist etwas Moralisches»;** somit auch ganz individuell. Moral im Stil unserer Zeit kann nur individuell sein, so auch die Sehnsucht, die diesem Wesenskern entströmt. Dieses «heiligste Innere» liegt allerdings noch verborgen in uns. Was wir gewöhnlich als Wille bezeichnen, ist oft nur der allgemeine, von der Zeitepoche geprägte Abglanz eines Wollens, ohne wirklichen Grund im Ich selbst.

Der Mensch, der in seinem tiefsten Ich-Willen einen anderen liebt, baut im Flug seiner Sehnsucht ein Schiff für diese Liebe. Dieses Schiff bleibt wie das Meer beweglich, denn es muss beiden individuellen Wesen, dem Ich und dem Du, Raum geben. Zudem verdichtet es in seiner unendlichen Beweglichkeit – zart noch und von kristallinen Tangenten umwoben – eine geistige Kammer für die Einwohnung des «Dritten». Anstelle der Raumgebung für das Kind kann so aus dem moralischen Sehnsuchtswillen zweier Iche ein anderer Raum entstehen – vorübergehend – für die Erfahrung wie ein neuer Leib; unverletzbar, auch von der noch unge-

* In *Der Mensch als Zusammenklang des schaffenden, bildenden und gestaltenden Weltenwortes,* Vortrag vom 2. November 1923.

** *Anthroposophische Gemeinschaftsbildung*, Vortrag vom 13. Februar 1923.

lebten Zukunft nicht verletzbar; erfahrbar in der Ekstase. Diese Erfahrung sagt, dass etwas Übergeordnetes die ursprüngliche Unvereinbarkeit zweier Individualitäten aufheben kann, so dass eine Gemeinsamkeit entsteht, in welcher der verwandelte Eros, der Gott der Liebe, Raum findet. In diesem Raum wird auch der eine den andern auffangen müssen, wenn der Sprung über den Stier gewagt wird.

Der Mensch, der in seinem tiefsten Ich-Willen

einen anderen liebt, baut im Flug seiner Sehnsucht

ein Schiff für diese Liebe.

Ich rede von einer anderen Treue,
die «getanzt» werden kann;
die viele Geburten und Tode durchlebt:
lebendig, verwandelbar, und die um ihren Stamm
herum künstlerische Bewegung entwirft; –
so wie jene Eiche, die von Efeuranken – immergrün –
umwachsen ist. Sie zeigt auch im Winter,
wenn sie kahl ist, glänzendes Laub.

5.
Im Labyrinth der Treue – *ein seidener Faden*

In meinem Garten steht eine alte Eiche. Sie ist bis zur Spitze mit Efeuranken umwachsen. Ob sie diesen Bewuchs – diese getanzte Umgarnung, Umklammerung – überleben wird, weiß ich nicht. Noch ist sie frisch und standfest, und ihr Laub glänzt je nach Jahreszeit auf dem dunklen Hintergrund des Efeu in vielen verschiedenen Farben.

Das Bild der Eiche leuchtet nicht nur zufällig vor dem inneren Auge auf, wenn «Treue» gedacht wird, auch der Wortstamm dieses Begriffs, der sich aus dem Indogermanischen herleitet: «dereu», bedeutet «Eiche», «Baum». Die Standfestigkeit und damit übertragen: die Zuverlässigkeit dieses Baumes, drückt das Wesen der Treue im Bilde aus. Jedoch aus demselben Wortstamm entspringt auch das Wort «Trost». Treue und Trost – was für ein seltsames Wortpaar! Kann es sich gegenseitig beleuchten?

In der so vielfältig bewegten, zeitgenössischen Seelenlandschaft fällt es schwer, solche Bäume der Treue zu entdecken. Was da manchmal aufragt als hehre Standfestigkeit, erscheint beim näheren Hinsehen zumeist verknorrt und abgestorben. Das alte Bild der Treue zwischen Menschen kann so – unerschütterlich, unaufhebbar und einmalig – nicht mehr eingefordert werden. Eine Ahnung überfällt einen, dass mit dieser baumhaften Unerschütterlichkeit heute nicht mehr die hohe Seelentugend der Treue gezeichnet werden kann. Sie hat sich gewandelt und hat sich mehr ins Innere des Einzelmenschen verzogen.

Der moderne Mensch, der Hektik unserer Zeit in Beruf und Verkehr hingegeben, ebenso in ein ständig wechselndes Aufeinanderprallen mit anderen Menschen geworfen, ein solcher Mensch mag von Treue im alten Stil nicht mehr sprechen; sie könnte, zu nah an eine Kohlhas'sche starre Rechthaberei gerückt, weder dem Lauf der Zeit noch der menschlichen Entwicklung gerecht werden. Wollte man das individuelle Schicksal dieses Menschen in ein Bild fassen, das deutlich macht, wie es sich sozial verzweigt, wie es fest verbunden ist mit bestimmten Menschen, dann aber wieder trennende Schnitte bei anderen vorweist, Umwege geht, Brücken baut, andere wieder zerstört, wie es aufprallt auf soziale Mauern, dieses Bild ergäbe die Gestalt eines Labyrinths. Dessen Wege verlaufen im gleichen Hin und Her: vorwärts und zurück, mal gradlinig, dann wieder gebogen, mal einsichtig, dann aber wieder in einer gänzlich unverständlichen Richtung. In diesem labyrinthischen Realbild würde die Forderung, dass es nur einen einzigen, übersichtlichen Weg der Treue zu einem bestimmten Menschen geben dürfte, den Tod für alle Beteiligten bedeuten. Sämtliche Wege würden erstarren und die Vielfalt des Lebens würde von einer brutalen Gewalt eingeebnet werden; ins Bild übersetzt würde das heißen, dass in der Mitte des Labyrinths der «Minotaurus» noch wacht. Dieser hätte das Ziel, jede zarte auf die Zukunft gerichtete Seelenregung – die Jungfrau einer werdenden Seelenkraft – zu töten. Der Treueschwur, der sich zunächst, wenn sich ein Mensch mit einem anderen fest verbindet, so leicht ausspricht, dann sich aber mehr und mehr, wenn Starre die Verbindung ergreift, wie ein Panzer um die Seele legen kann – bis dass der Tod euch scheide –, von dieser Treue, die keinen anderen Menschen mehr zulässt, kann heute nicht mehr gesprochen werden. Der erstarrte Schwur würde eine Zukunft festlegen, die durch sich selbst schon mehr und mehr ein Gefängnis vorkonstruiert. Ich rede von einer anderen Treue, die «getanzt» werden kann; die viele Geburten und Tode durchlebt: lebendig, verwandelbar, und die um ihren Stamm herum künstlerische Bewegung entwirft; – so wie jene Eiche, die von Efeuranken – immergrün – umwachsen ist. Sie zeigt auch im Winter, wenn sie kahl ist, glänzendes Laub.

Das Bild vom Labyrinth entstammt einer mythologischen Aufzeichnung. Es wurde in alter Zeit in der Doppelbewegung von Einwickel- und Auswickelspirale dargestellt. So wurde es auch getanzt. Kerenyi berichtet in seinen *Labyrinth-Studien* davon. Am Strand von Kreta zum ägäischen Meer hin wurden solche Tanzwege halb im Wasser, halb an Land vollzogen. Sie zeichneten die Schwellenübergänge von Geburt und Tod im ständigen Wechsel nach. Aus dem Wasser spiralig auftauchend und Land gewinnend – so geschieht Geburt; in der Wirbelbewegung das Land verlassend und wieder eintauchend in das Meer – so vollzieht sich Tod. Das Labyrinth verbindet beide Schwellenrichtungen mysterienhaft in einer einzigen Gebärde: Soviel Tod du hast, soviel Geburt ist dir gewiss. Und umgekehrt: So oft du geboren wirst, so oft muss du sterben lernen. Dies lehrt das Mysterium des «Lebens».

Die minoische Kultur (ca. 3000 – 2000 vor Chr.), die auf der Insel Kreta sich im ätherischen Bewusstsein eines vom Meer umschlossenen Landes bildete, hatte diese Doppelbewegung zum Symbol erhoben: die Doppelaxt. Wir begegnen diesem Symbol, gelegentlich auch nachgebildet in den beiden Hörnern des Stieres, überall auf Kreta, vor allem in Knossos in dem zinnenhaften oberen Säulenabschluss der alten Burg.

«Labrys», ein vorhellenisches Wort für Doppelaxt, bildet die Form einer zunehmenden und abnehmenden Mondsichel ab. Das Labyrinth deutet also auf Mondenkräfte, die rhythmisch wechselnde Mächte symbolisieren, wie Geburt und Tod, Tag und Nacht, Ebbe und

Flut. Mit jedem Wechsel ist ein Schwellenübergang verbunden; ein Sekundenschock, der zum Anhalten zwingt. Ohne diese Bewusstseinsschwelle wüchse die Gefahr der Verirrung in den Kräften dieser ätherischen Welt. Der Mensch muss hier einen besonderen «roten Faden» aufnehmen, der ihm Orientierung gibt. Der Mythos vom kretischen Labyrinth berichtet davon: Als Zeus in der Gestalt eines Stieres die phönizische Prinzessin Europa geraubt und für sich gewonnen hatte, gebar diese den gemeinsamen Sohn Minotaurus. Er war zur Hälfte Stier, zur Hälfte Mensch. Diese Wesens-Gestalt zeigte sich von so ungeheuerlichem Wuchs und war für den Menschen so wenig zu erfassen, dass sie verborgen und eingeschlossen werden musste. Dädalus, der Baumeister, baute für ihn auf Kreta ein besonderes Haus, eine Burg, die einen komplizierten und verwirrend bewegten Grundriss besaß. Der Minotaurus wurde darin festgehalten, zum Schutz für ihn und für seine Umgebung. Das Geheimnis dieses Bauwerks lag in seiner Doppelfunktion: umschlossen und zugänglich zugleich; es vereinigte Schutz mit Offenheit in einer einzigen bewegten Geste. So entstand das Labyrinth. Es zeichnete symbolisch eine ätherische Hüllengestalt nach, die zwischen Tod und Geburt in unendlichen Bewegungen schwingt und so eine ständige Entwicklungsfähigkeit herausfordert. In der Mitte dieses ätherischen Gebildes saß – stellvertretend für eine andere Zukunftgestalt – das Ungeheuer wie ein

Sturmauge in der Mitte eines labyrinthischen Orkans. Ihm musste in regelmäßigen Abständen eine Jungfrau geopfert werden. So verschlang er immer wieder «Zukunft» als Möglichkeit und verhinderte damit Entwicklung. Der griechische Held Theseus musste einen neuen «europäischen» Weg finden, diese mythische Gewalt zu bannen. Er fürchtete dabei aber nicht so sehr den Kampf mit dem Minotaurus, sondern viel mehr die Schwellenwege des Labyrinths. Ariadne gab ihm daher ein rotes Wollknäuel mit auf dem Weg, das er beim Eintritt in den Irrgarten aufrollte und so mit Hilfe des roten Fadens wieder hinaus, das heißt zu sich selbst zurück, fand. Der «rote Faden» steht seither für das Synonym eines bestimmten, Orientierung gebenden Denkens.

Doch wer das Labyrinth betritt, muss dieses Denken «tanzen» können. Lediglich logische Orientierung führte hier nicht weit. Schon am ersten Schwellenstein würde der Logiker, der auf direkte, «logische» Weise den Weg sucht, zurückgewiesen. Der Tänzer jedoch vermag Tod und Geburt im Sprung, das heißt im künstlerischen Aufschwung, zu vereinen. Der rote Faden hält die Richtung seines Ich. Der Rhythmus des Tanzes verleiht dem Tänzer Durchlässigkeit für Bewegungen übersinnlicher Art. Rhythmus entsteht ja immer aus einem Wechsel; er schwingt zwischen Himmel und Erde. So durchrhythmisiert spürt der Tänzer eine Sensibilisierung seines ganzen Wesens. Insofern also, dass Geistiges im Irdischen rhythmisch «ersprungen» werden kann, besitzt der Tanz kultisches Maß. Das Labyrinth strömt in einem bestimmten Sinne «ursprünglich» im Tanz; Tanz mag körperlich oder denkerisch verstanden werden, seine schwingenden Bewegungen – vorwärts-rückwärts, rechts-links, diagonal, kreisend oder gerade – tragen eine bestimmte, gelockert bewegte Qualität mit sich. An den Ur-Schwellen: Aufbruch und Ausklang, die sensibel strömend erfahren werden, eröffnet sich dem Tänzer eine höhere Welt. So berichtet Homer, dass Apollon die kretischen Schiffer im Labyrinth-Tanzschritt zu seinem Altar der Besonnenheit nach Delphi geführt hat.

Im spanischen «Flamenco» sind noch Reste der alten Labyrinthwege im Zusammenhang mit der ungebändigten Stierkraft in ihrer Mitte zu erleben. Der Tanz wird begleitet von dem träumerisch dunklen «canto jonda», der wie ein zarter Faden aus Gesang den Tanz ausrichtet. Dieser wurde ursprünglich nur solo getanzt. Die Menge umringt den Tänzer, klatscht und feuert ihn an, während von einem Sänger zu bestimmten Phasen der «canto jonda» erklingt. Der Tänzer vollzieht zwei Bewegungsgebärden: Der Spiralwirbel der Hände beschwört das Labyrinth. Die Beine skandieren scharf und akzentuiert den Willen des Stiers. Stierkraft und Labyrinthwege begegnen sich in diesem Tanz – so wie sich Liebe und Treue begegnen können.

Im Mittelalter kehren die alten mythologischen

Labyrinthformen wieder. Sie sind jetzt Gebets- und Meditationswege von tiefsinniger Subtilität. Auf einem Fußbodenmosaik in der Kathedrale zu Chartres ist ein Labyrinth eingezeichnet; aber auch in anderen Kathedralen waren solche zu sehen. Sie sind zumeist an besonderen Orten wie ein Zeichen für Eingeweihte zu finden. Sie dienten dem Betenden, Meditierenden, der am strengen Faden seines Gebetsrituals durch die labyrinthischen Todes- und Geburtswege in die Mitte dieses Zeichens gelangte, wo er auf höherer Ebene eine geistige Begegnung mit Gott, mit Christus – und damit auch mit sich selbst hatte. Die Prüfungen an den Labyrinth-Schwellen wurden kraft dieser geistigen Begegnung und Bewegung im Gebet bestanden. Spürte der Betende diese Kraft und vermochte er sie mit seiner eigenen zu verbinden, fand er auch in Treue zu Gott und zu sich selbst den Weg zurück.

In der apokryphen Apostelgeschichte, der sogenannten *Johannes-Akte*, wird ein solcher Gebetstanz beschrieben (Vers 94 – 96): «Christus ließ uns eine Runde bilden, wobei wir einander an den Händen fassten; er selbst aber stand in der Mitte und sagte: Antwortet (...) mit Amen. So begann er einen Hymnus anzustimmen (...) und wir drehten uns im Kreis und antworteten stets mit ‹Amen›.» Christus sagte daraufhin zu Johannes:

«Wenn du aber meinen Reigen-Gesang mit Amen beantwortest, dann schau dich selbst in mir (...). Und wenn du gewahrst, was ich bin, dann schweige über mein Geheimnis! Wenn du dich im Reigen bewegst, bedenke, was ich bin. (…) Als du zuerst schautest, da standest du nicht fest, sondern warst mitleidend (und liebend) in Bewegung. Seit du selbst in Bewegung bist, um Weisheit zu erfahren, hast du in mir ein Ruhefeld wahr gemacht.»

Diese im Stil eines Hymnus gesprochenen Worte sind wie der Tanz selbst. Sie offenbaren das Geheimnis der Treue. Treue kann nur als eine Beziehung zwischen Bewegung und Ruhe, zwischen Peripherie und Mitte, zwischen Ich und Du begriffen werden. Keiner kann treu sein, der nicht in der Bewegung seines Ich-Willens das eigene «Ruhefeld» im Du der Mitte erkennt.

Liebe und Treue sind also genauso aneinander gebunden wie Stierkraft und Labyrinthwege. Der ungebärdige Minotaurus, dessen Triebkraft und Begierde noch unfrei alles Werdende verschlingt, wird gebändigt von einem «Helden». Theseus, der Ich-Mensch, muss ihn zur Liebe befreien. In diesem Sinne legt er den roten Faden seiner ichhaften Freiheitsfähigkeit aus, wenn er in die Wirbelkräfte des ätherischen Zusammenhangs eindringt. Durch diesen findet er auch wieder zu sich selbst zurück. Da er angesogen wird von der drängenden Kraft dieser minotaurischen Mitte, ist es nicht zu schwierig, den Weg hinein zu finden. Den Weg wieder hinaus würde er allerdings verfehlen, wenn er nicht vorher an den Triebkräften entlang «motivisch» den roten Faden seines Ich gelegt hätte. Er vermag nun allein aus der Fähigkeit des vorschauenden, vorwissenden Denkens auch der sexuellen Liebe freier zu begegnen. Er folgt so nicht nur seinen Trieben, Begierden, sondern er wandelt diese zu eigenen Motiven um, welche er «frei» wollen kann.* Dieses Wollen muss jedoch durch das Labyrinth der Lebenskräfte tanzen. Anders könnte es den erotischen Willenskräften nie begegnen. Es ginge niemals so, wie ich – einfach, weil ich will – zum Beispiel einen Ball hochwerfe. Die Kräfte der Liebe – und vor allem die Kräfte der sexuellen Liebe – würden sich versagen, sollten sie nur folgerichtig gestaltet sein. Im Tanz bleiben sie lebendig.

Im Medium solcher Lebendigkeit kann heute Treue noch Wirklichkeit werden. Zwischen Ich (Theseus) und der Liebe (dem Stier) müssen sich Ätherwege bilden, lebendig schwingende, lösende, bindende, vereinigende, distanzierende, welche die Treue am Leben halten. Treue kann nur sein, wenn sie lebt – und wenn sie lebt in einem Ich. Als Verdorrte würde sie alle Beteiligten töten.

In diesem getanzten, motivischen Ich-Willen sehe ich eine Form der «Treue», die immer auch eine Treue zu sich selbst ist. Der Liebende findet rasch in das Labyrinth hinein. Er wird hineingesogen. Wenn er dort nur den Minotaurus – der unfreien sexuellen Kraft – begeg-

* Siehe Rudolf Steiner, *Allgemeine Menschenkunde*, 4. Vortrag und *Die Philosophie der Freiheit.*

net, dann wird er von ihm verschlungen, oder kommt schwer verletzt oder verletzend wieder heraus. Im kretischen Mythos erscheint eben nicht Eros in der Mitte des ätherischen Gewoges, sondern der Minotaurus, die noch nicht ganz Mensch gewordene Liebekraft. In seiner alten Form verdeutlicht er Liebe und Treue als ein unfreies Verbundensein.

Das Wahrbild des Labyrinths kann so auch aus der mythologischen Ebene auf die soziale der menschlichen Begegnung projiziert werden. In der Mitte eines solchen sozialen Labyrinths erscheint das «Du», offen und eingeschlossen in die wirbelnden Wege einer lebendigen und lebensvollen Beziehung. Der Mensch, den ich liebe, spricht mich so an, dass ich schnell die labyrinthischen Wege der ätherischen Liebe-Kräfte zu ihm hin finde. Er zieht mich an. Ich brauche mich kaum zu bemühen, seine Anziehungskraft lässt gar nichts anderes zu. Jedoch komme ich nicht im gleichem Sog zu mir selbst zurück. Wenn ich nicht von Anfang an den seidenen Faden meiner Ich-Spur – in lebendiger Treue – auf die Wege der Anziehungskraft gelegt habe, werde ich verloren sein. Entweder entsteht eine Abhängigkeit – oder aber die sogenannte automatisch angenommene Treue, die eine Schimäre ist, wird eingefordert. Dann bringt mich der Minotaurus um, der keine Entwicklung mitgedacht hat. Jede eingeforderte Treue aufgrund vergangener Treueschwüre kann nur töten – oder muss getötet werden. Das

«Du» kann nur lieben, der sich selbst kennt. «Wenn du aber meinen Reigen-Gesang mit ‹Amen› (und das heißt: *ja, so sei es*) beantwortet hast, dann schau dich selbst in mir.» Diese tiefe Beziehung von Ich-Kraft und Du gilt in jeder menschlichen Begegnung. Soviel ich von mir erkenne, soviel erkenne ich vom Du. Treue kann also nur in dieser Erkenntniskraft zwischen Ich und Du walten. In diesem Sinne kann Treue nur getanzt werden. Ich tanze sie ein, wenn ich in das lebendige, entwicklungsfähige Labyrinth der Beziehungswege hineingehe. Ich tanze sie mit erhöhtem Bewusstsein aus: an jeder Schwelle, da auf einen Liebes-Tod eine Ich-Geburt folgt und auf einen Ich-Tod eine neue Liebes-Geburt, muss ich Bewusstsein einsetzen. Finde ich in seiner Mitte das Du, so habe ich zugleich mich gefunden. Und nur in mir kann Treue sein. Wenn der Tanz nicht mehr gelingt, dann kann auch keine Treue mehr sein. Das Du hat sein Ich verloren.

Die Eiche in meinem Garten zeigt es mir. Die Umklammerung des Efeus könnte vielleicht einmal den Baum töten. Aber gesetzt den Fall, diese Umklammerung wäre ein sylphischer Tanz, das Symbol der lebendigen Treue, die Eiche, erschiene im Glanz einer neuen Zeit. Hier wären Treue und Trost ein Wort gleichen Sinns.

Zwischen Ich und der Liebe

müssen sich Ätherwege bilden,

lebendig schwingende, lösende, bindende,

vereinigende, distanzierende,

welche die Treue am Leben halten.

Wir könnten anders nicht leben,
wenn nicht immer wieder
aus den tiefsten menschlichen Gründen
neue Unschuld in uns entstünde.

6.

Schuld ist die Mutter der Tiefe

Das komplizierte Gebilde gegenseitiger menschlicher Verschuldung durchzieht jede soziale Gemeinschaft wie ein okkultes Aderngeflecht. Diese karmische Verflechtung hält uns in innerster Tiefe menschlich zusammen. Jedoch so wie im Menschen arterielles Blut neben venösem fließt, so strömt auch in jedem sozialen Organismus Unschuld neben Schuld. Wir könnten anders nicht leben, wenn nicht immer wieder aus den tiefsten menschlichen Gründen neue Unschuld in uns entstünde. Wie wohltuend ist es, dass uns niemand unser Schuldigsein ansieht. Dadurch, dass uns das Kainsmal nicht sichtbar auf der Stirne gedrückt erscheint, wird uns die Chance gegeben, in jedem Augenblick des Lebens «neu» anfangen zu können – auf den Bahnen neu entstehender Unschuld. Schlimm wird es erst, wenn eine Schuld in ungemäßer Weise ans Licht gezerrt wird: wenn einer kommt und den anderen anklagt. Du hast Schuld! Mit welchem Recht hebt er den ersten Stein auf – so als kenne er nicht die eigene Schuld und die andere Unschuld? Der Evangelist Johannes beschreibt auf eindrucksvolle Weise (im achten Kapitel seines Evangeliums), wie Christus mit dem Problem der Schuld umgegangen ist. Christus schrieb die Schuld der Ehebrecherin in den Sand der Erde. Hier wird sie Karma bilden und neue Spuren für die Adern der sozialen Gemeinschaft in Schuld und Unschuld vorzeichnen.

Das Problem gegenseitiger Verschuldung kann im Grunde – und hier meine ich selbstverständlich nicht in einem Gerichtsverfahren, sondern ganz tief menschlich im persönlichen Umgang – nur vom Aspekt der Unschuld betrachtet werden: vom Aspekt einer immer wieder neu in der Tiefe des menschlichen Wesens entstehenden Unschuld. Wenn der Dichter – ich glaube es war Christian Morgenstern – sagt: «Schuld ist die Mutter der Tiefe», so meint er, dass Schuld die Tiefe in der menschlichen Seele zur Geburt bringt und mit der Tiefe eine neue Unschuld.

Einer, der tätig ist und Entscheidungen trifft, zückt mit jedem Schritt, den er tut, ein zweischneidiges Schwert. Er kann nicht etwas initiieren oder entscheiden, jemanden heilen oder helfen, ohne zugleich einem anderen zu schaden. Nur der Untätige könnte – theoretisch – schuldlos bleiben; aber gerade dies wäre seine Schuld: die Schuld, notwendige Taten zu unterlassen und damit unfähig zur Entwicklung zu sein. Tätig-Sein bedeutet, Entwicklung zu wollen. Der Willensschritt ins tätige Leben zerreißt zunächst einmal das Band, das den Menschen an das Naturleben, an das «Paradies» binden will. Die Vertreibung aus dem Paradies erfolgte aus der Konsequenz eines Schuldigwerdens durch eine Tat – und läge diese auch nur darin, dass die Frage nach Erkenntnis gestellt wurde. Erst danach konnte Menschheitsevolution stattfinden. Das Schuldengeflecht, das sich seither über Erde und Menschheit ausbreitet und als Karma wirksam wird, trägt im Zeichen der heutigen Bewusstseinsseele nicht nur eine Verantwortung zum Ausgleich. Vielmehr will an dem «mütterlichen» Seelenort, an dem mir Schuld bewusst wird, etwas aus der Tiefe geboren werden, was ich selbst bin – auf neuer Oktave. Das Bewusstsein meiner Schuld – in dieser Tiefe erfahren, ohne Entschuldigung, ohne vorzeitige Befreiung davon – vermag die harte Schale meines eingekapselten Wesenskerns aufzubrechen und daraus herauszulösen – in neuer Unschuld – mein höheres Selbst. Doch verkäme dieses zarte Gebilde an dieser Schwelle, wenn sich nicht aus der Gemeinschaft der Menschen *eine* Stimme erhöbe, die dieses Allerheiligste in seiner unschuldigen «Schönheit» erkennt.

In seiner großangelegten Oper *Die Teufel von Loudun* hat Krzysztof Penderecki das Problem der Schuld sehr sensibel und modern bearbeitet. Der Stoff der Oper beruht auf einer wahren Begebenheit aus dem Jahre 1634 in Loudun. Aldous Huxley formte aus der Historie einen dokumentarischen Roman. John Whiting schuf ein Drama nach diesem Muster. Roman und Schauspiel dienten Penderecki zur Vorlage für seine Oper, deren Libretto er ebenfalls selbst schrieb. Dieses geniale Werk, in dem Text und Musik zusammenstimmen, rückt das Problem der Schuld in engen Zusammenhang mit dem Phänomen des Massenwahns, als einer ichlosen Willensentgleisung. Der Priester Urbain Grandier wird angeklagt, Nonnen des Ursulinerinnen-Klosters zu Loudun verführt zu haben. Er hat aber in Wirklichkeit das Kloster nie betreten. Der Pater war eine herausragende Persönlichkeit, um die sich wahre und unwahre Gerüchte rankten. Der ungeheuerliche Vorwurf, von der Priorin des Klosters erhoben, löst im Kloster und bei den Bürgern der Stadt eine Art Massenwahn aus. Eine wilde, orgiastisch hexenhafte Welle aus Besessenheit schwappt über die Mauern des Klosters in die Stadt herüber; da steckt einer den andern an. Eine Epidemie gedankenloser und ichloser Willenskräfte greift um sich. Kaum einer hält den Pater noch für unschuldig, obgleich alle äußeren Tatsachen für seine Unschuld sprechen. Ihm wird der Prozeß gemacht; er nimmt die Strafe auf sich und büßt schließlich «stellvertretend» für eine nicht begangene Tat. Dennoch fühlt er sich schuldig. Er erkennt eine andere Schuld in sich, die im weiten Bogen zu der Anklage in Beziehung steht. Er erkennt, dass seine intelligente Überlegenheit, seine aufklärerische Beziehungslosigkeit, mit der er Menschen und Dinge vereinnahmt, sie sozusagen «gebraucht», diese hungrig werden lässt. Er erregt durch sein Auftreten, das weit verbreitet Bewunderung hervorruft, eine Erwartungsstimmung, die weder er selbst noch die Menschen seiner Umgebung beherrschen konnten. Der Pater erkannte, dass er sich ihnen in der Tiefe verweigert hat. Er vermochte den so entstehenden «Hunger» nie zu stillen. Er entzog den Menschen seine innerste Menschlichkeit, indem er nie eine wirkliche Nähe zu ihnen praktizierte. Der am Ende aufbrechende Massenwahn – auch wenn dieser im Grunde aus einem verwirrten Willensleben hervorgeht – trägt im Gepäck eine fehlgeleitete Erwartung der Menschen nach menschlicher Nähe, auch im ideellen Denken.

In dieser Konstellation treten Denken und Wollen auseinander. Der Denkende bleibt für sich beziehungslos; der Wollende, allein gelassen, verirrt sich in ichlose Wahnvorstellungen. Die Schuldhaftigkeit, die so auf beiden Seiten entsteht, kann nur der auflösen oder erlösen, der diesen Zusammenhang begreift. Zunächst wäre jedoch stellvertretendes Leiden an einer Schuld, die sich nicht als eine vom Leidenden zu verantwortende erweist, für sich genommen bedrückend. Dass aber dieses Leiden dennoch in der Oper von Penderecki als lösend erfahren wird, zeigt die Grundstimmung der Oper als Kunstwerk. Sie macht sichtbar, was in der Tiefe des Leidens unsichtbar aufbricht: die neu entstehende Unschuld aus der Tiefe der Schuld. Der Pater erhebt sich am Ende aus der Gebrochenheit seiner Existenz zu neuer Schönheit und Unschuld. Seine Individualität erringt ihre ursprüngliche Einheit in neuer, von innen geheilter Form.

Diese Einheit wird im Werk von Penderecki am Anfang auf drei Ebenen auseinandergelegt. Der Priester, der für schuldig erklärt wird, auf der Ebene des Denkens, des Erkennens, das sich überheblich gibt. Die Priorin, als die zentrale Gestalt der Oper, nimmt die Mitte ein, ein chaotisiertes Gefühl, das Anklage erhebt. Die untere Ebene stellt den missgeleiteten Willen dar, in Form einer sich hysterisch gebärdenden Nonnenschar sowie der Volksmenge. Sie erliegen einem Wahn, einer epidemisch auftretenden, ansteckend wirkenden «Propaganda», die wie ein Lauffeuer die Menschen ergreift. Diese auseinanderfallende Dreiheit, die wie eine Karikatur des modernen Menschen erscheint, wird am Ende der Oper wieder neu in der «schönen Individualität» zusammen gebunden. Penderecki spannt in eindrucksvoller Schlichtheit Singstimme, die sich in Oktaven bewegt, und Text in die Beschwörung dessen ein, was sinnlich-irdisch nicht ausgedrückt werden kann: die unverlierbare, übersinnliche Anwesenheit des höheren Menschen-Wesens in Wahrheit (Denken), Schönheit (Fühlen) und Güte (Wollen): Schwester Jeanne erblickt zum ersten Male Pater Grandier, jenen ehemals schönen Menschen, nun vor ihr auf dem Boden liegend, gefoltert, geschoren, mit gebrochenen Gliedern, im Büßerhemd – äußerlich ein schreckliches Zerrbild seiner selbst:

Jeanne: «Die Leute haben immer von Eurer Schönheit gesprochen. Nun sehe ich mit eigenen Augen; und ich weiß, es ist wahr.»

Grandier: «Seht das an, was ich bin, und lernet, was Liebe heißt.»

Damit endet die Oper.

Die Frage der Schuld findet hier eine Lösung, die weit über das bürgerliche Mittelmaß der allgemeinen Frage nach Schuld und Unschuld hinausragt: Einer, der in der Nähe des Schuldigen steht, muss nämlich aussprechen, dass er dessen schöne Individualität in ihrer neuen Unschuld «sieht»; sonst versinkt diese wieder in der Dunkelheit des Ungeborenen. Einer muss kommen, der das, was da im innersten Heiligtum des anderen Menschen geboren werden will, singt, malt, tanzt; der es ihm mitteilt, indem er es auf künstlerische Art mit hervorruft.

Den Menschen als eine ungegliederte und undifferenzierte Einheit anzunehmen und vorzustellen zeigt einen der großen Irrtümer unserer Gegenwart auf. Aus diesem Irrtum resultiert jede falsche Heldenverehrung, jeder falsche Starrummel, ebenso wie jede menschenvernichtende Verurteilung. Der Mensch ist weder nur gut noch nur böse, weder nur schuldig noch nur unschuldig. Er ist immer beides zugleich. Daraus ergibt sich ein höchst komplexes Bild des einzelnen Menschen, der im Grunde nur als ein gegliederter – auch in Schuld und Unschuld gegliederter – zu erkennen ist. Durch das Ringen mit «Tod und Teufel», mit dem anderen Menschen und mit seiner eigenen Selbsterhaltung wird der Mensch gezeichnet. Er übersteht dieses Ringen nicht als «reiner Tor». Er wird im wahren Sinne des Wortes zum «Mit-Täter» im kulturellen sowie im kriminellen Sinn. Allein der Untätige könnte schuldlos sein, wenn nicht gerade diese Untätigkeit ihn wieder schuldig machte.

Ich berge als Individualität in mir eine Vielfalt an Möglichkeiten, bedingt durch vergangene Erdenleben. In jedem Leben, das ich einmal gelebt habe, errang ich mit vielen Menschen jeweils andere Erfahrungen und mit diesen Tat-Erfahrungen auch jeweils neue Schulden. Die Konsequenzen daraus kann ich nicht einfach auflösen, ohne zum Zerstörer meiner selbst zu werden. Es gibt keine Eindeutigkeit des Menschen. Seine Einheit, Unteilbarkeit (Individualität) ist nicht einfach, sondern vielschichtig. Diese Vielschichtigkeit ist zumeist auch widersprüchlich. So muss der Mensch in seine Widersprüche hinuntertauchen, will er sich selbst finden. Er bedarf jedoch dazu auch des erkennenden Blicks des anderen Menschen.

Wenn ich auf mein Leben blicke, sehe ich, dass ich voller Narben bin; Narben von Wunden, die mir Menschen zugefügt haben. Von vielen Treuebrüchen, zerstörten Erwartungen, von Schicksalsschlägen verwundet, hatte mein Lebens- und Seelengefüge immer wieder eine Zeit lang geblutet, bis es sich wieder schließen und vernarben konnte. Doch wenn ich heute auf diese vernarbten Wunden schaue, bemerke ich, dass sie zu Augen geworden sind. Sie schauen mit der Kompetenz des Wissenden, Erfahrenen auf Ähnliches, das anderen geschieht. Wenn ich diese Tatsache aber genauer betrachte, erscheinen diejenigen der neuen Augen am weitesten aufgetan, deren verwundeter Grund tief im eigenen Verschulden wurzelt; wo mir klar wird, dass ich den Schlag, den ich empfing, selbst verschuldet habe. In diesem Geflecht keimt ein soziales Verständnis auf, das Ich und Du zusammen stimmt. Ich vermag nun den anderen tiefer zu erkennen, ihm vielleicht auch heilsamer zu begegnen. Diese Hellsicht begründet sich aus der Tiefe eines erlebten Lebens, das entscheidend geprägt ist von Schuld und Verschulden.

Schon der erste Schritt des Menschen aus dem Paradies göttlicher Obhut heraus geschah infolge eines Schuldigwerdens. Insofern ist die menschliche Geschichte eine Geschichte der Schuld. Dieser Schritt, den Eva als erste tat und auf dem Adam ihr nachfolgte, bewegt die Frage: welche menschliche Qualität, die sich im Weiblichen, in der Eva, äußert, strebt dem Schuldigwerden zu?

Eine weitere Geschichte aus der Bibel, diejenige von Kain und Abel, stellt dieselbe Frage. Das Brüderpaar vollzog noch einen tieferen Schritt in die schuldhafte

Verstrickung ihres Schicksals. Der «tätige» Kain tötet seinen Bruder, den Hirten und Priester. Der Handelnde, der Weltveränderer vernichtet den frommen Hüter der gegebenen Welt. Kain, der Ackerbauer, Baumeister, der erste Künstler, nimmt Schuld auf sich. Er charakterisiert eine zweite menschliche Qualität, die durch sich selbst, durch die Art ihres Auftretens und Handelns, schuldig wird. Auf einer gewissen seelischen Ebene kann man die beiden Menschenpaare in jeder Individualität erkennen. In jedem Menschen leben Eva und Adam, ebenso wie Kain und Abel. Zwei menschliche Qualitäten – symbolisiert im weiblichen und im künstlerischen Element – stehen wie das Gefühlsleben (Schwester Jeanne) und das Willensleben (Volk, Nonnen) einer dritten Kraft des Menschen gegenüber, die in alter Zeit von einer göttlich richterlichen Macht eingenommen wird. Der noch nicht selbstständig denkende Mensch muss von Gott, der von außen kommt, vertreten werden. Dieses Richteramt nimmt heute der verständig denkende, der erkennende Mensch selbst ein, der in seinem Denken (Pater Grandier) Schuld und Selbsterkenntnis in seiner Ich-Kraft versammelt. Heilsam wird aber in Zukunft allein die soziale Fähigkeit sein, die aus dem heiligsten Innern des Menschen – aus einem neuen Zusammenhang von Denken, Fühlen und Wollen – in den sozialen Zusammenhang von Ich und Du hineinspricht. Jeder in diesem sozialen Raum kann als schöne Individualität neu geboren werden, als ein Kunstwerk seiner selbst, hervorgerufen durch die Aufmerksamkeit des anderen Menschen.

Heute streben die Seelenfähigkeiten in Schuld und Unschuld noch auseinander. Das menschliche Zusammenleben wird davon stark und nachhaltig geprägt und gestört. Die soziale Technik auf diesem Gebiet, die jeden einzelnen so am Leben erhalten könnte, dass der andere auch weiterhin «werden» kann, bedarf einer moralischen Phantasie, die zwischen Sterben in Schuld und Geborenwerden in Unschuld vermittelt. Dieses Licht-Finsternis-Gemälde entsteht nicht in einer Schwarz-Weiß-Zeichnung, sondern in der leuchtenden Kraft von unzähligen Farben, die allerdings erst in den Augen des Nächsten sichtbar werden können. Sie enthalten Licht und Finsternis, Schuld und Unschuld wie eine Qualität, deren sie für ihr Dasein unverzichtbar bedürfen. Dieses soziale Kunstwerk entwickelt eine neue Seelenqualität, die Schuld und Unschuld so zusammenstimmen kann, dass die jeweils individuelle Farbe des anderen Menschen – aus dem Licht seiner Unschuld, das auf den Dunkel-Hintergrund seiner Schuld fällt – in das soziale Geflecht einer Gemeinschaft fruchtbar – und nicht störend – eingefügt werden kann. Versöhnung ist zwischen den Menschen eben nur möglich, wenn zu jedem Schuldproblem eine schöpferische – und nicht eine vernichtende – Antwort gefunden werden kann;

eine Antwort, die neue Unschuld entbindet. Eine solche Antwort entwürfe den Menschen als eine «schöne Individualität», als ein Kunstwerk seiner selbst, das vom anderen Menschen wahrgenommen wird: vom Nächsten neben mir.

Versöhnung ist zwischen den Menschen

eben nur möglich, wenn zu jedem Schuldproblem

eine schöpferische – und nicht eine vernichtende –

Antwort gefunden werden kann;

eine Antwort, die neue Unschuld entbindet.

«Ich weiß schon, dass das verrückt ist,

aber das ist das einzige, was ich wirklich gern wäre.»

Der Fänger im Roggen von J. D. Salinger

7. In Fußschellen des Mitleids – *auf dem Wege*

Ein Mensch legt sich eines Tages Fußschellen von Sträflingen an und erprobt sie in stundenlangen Märschen um seinen Esszimmertisch. Er verändert diese Fessel, konstruiert sie um, passt sie dem menschlichen Körperbau an, um sie dann wieder in die strenge Mühle der Selbsterfahrung zu nehmen. Der deutsche Arzt, Joseph Haass, der im 19. Jahrhundert in Moskau lebte, versuchte mit dieser Selbsterprobung, das Leiden der Sträflinge in Russland erträglicher zu machen. Und nicht nur dies: Die veränderte Fußfessel sollte ermöglichen, dass auch der Sträfling seine Schritte einigermaßen in Würde zu setzen vermochte. Haass kämpfte also nicht um Straferlass; er wollte vielmehr auch in einem notwendig gewordenen Strafmaß die Würde des verurteilten Menschen gewährleistet sehen. Er aber, der sich in «Unschuld» diese Fessel freiwillig anlegte, veränderte dadurch sein Leben von Grund auf. Auch wenn er sich nur für Momente das Gewicht einer fremden Schuld auflud, es erschwerte fortan jeden seiner Schritte. Kein Naturgesetz zwingt einen Menschen dazu; kein äußeres Gebot, keine Gesetzgebung, selbst das moralische Gewissen sagt dazu kein zwingendes Wort. Im Gegenteil: Alle Instinkte warnen davor, sich in direkten Kontakt mit Straffälligen, mit dem sogenannten Bösen zu setzen; so als würde das Gift des Bösen alle ergreifen, die sich ihm nähern. Unwillkürlich versucht jeder, das Böse auszugliedern und wie eine Krankheit in Quarantäne zu setzen; notfalls sogar diese Abgrenzung mit Geld oder mit einer anderen «milden» Gabe beruhigend zu sichern.

Man mag Mitleid nennen, was diesen Arzt und Menschenfreund zu seinen Taten bewogen hat. Doch mit dem Wort «Mitleid», das heute so hart strapaziert wird und so rasch mit Geld wieder abgetan werden kann, ist der Quellgrund dieser Taten nicht ausreichend beschrieben. Haass handelte in der Mitte seines Lebens aus einem fast unbegreiflichen Impuls, der eine totale Umkehrung seines Lebensstiles einleitete; so als würde er in ein anderes Leben umsteigen, das andere Bedingungen enthält und das aus anderen Kräften gespeist wurde. Friedrich Joseph Haass wurde 1780 als Sohn eines Apothekers in Münstereifel bei Köln geboren. Er studierte an den Universitäten von Köln, Jena und Wien Medizin. Daneben widmete er sich vor allem der Philosophie, vorwiegend den Arbeiten von Schelling. Im Gefolge einer russischen Fürstin, die er in Wien erfolgreich medizinisch betreut hatte, gelangte er im Jahr 1806 nach Moskau, wo er bald dank seines ärztlichen Könnens zum Modearzt der Reichen avancierte.

1825 wurde er aufgrund seiner Erfolge zum obersten Amtsarzt und Stadtphysikus ernannt. In solch leitender Funktion lernte er die verschiedenen Krankenhäuser Moskaus kennen, auch diejenigen der Gefängnisse. Der trostlose Zustand dieser Institutionen bewog ihn eines Tages, alles das, was in seinem Leben zu Erfolg und Ruhm geführt hatte, aufzugeben. Er entledigte sich aller Posten und Ämter und widmete sich ganz den Gefangenen und Verbannten, den Kranken unter den Bettlern und Leibeigenen. Er kämpfte unermüdlich für Verbesserung der Haftbedingungen bei Sträflings-Transporten nach Sibirien sowie in Durchgangsgefängnissen. Bei dieser Tätigkeit setzte er sein ganzes Vermögen ein und verlor es nach und nach. So lebte er bald als Armer unter den Ärmsten. Sein hilfreicher Kampf für diese verlorenen, fast aufgegebenen Menschen war jedoch fruchtbar. Er vermochte vielen zu helfen, nicht nur als Arzt. Haass kontrollierte zum Beispiel jeden Transport, der von Moskau nach Sibirien unterwegs war. Er versorgte die Kranken und Schwachen, schaffte ihnen Erleichterungen und kämpfte bei den Behörden, die er ja gut kannte, um Straferleichterung und Gerechtigkeit. Nie gab er auf, er setzte sich für jeden einzelnen seiner Schützlinge ein. Die zuständigen Beamten stöhnten unter seinem nie erlahmenden Einsatz und versuchten immer wieder, ihn als Verrückten, als «outrierten Philanthropen» hinzustellen. Doch konnten sie ihn nicht übersehen; sie durften ihm nichts anhaben, zu stark war seine Stellung im Volk, das ihn wie einen Heiligen verehrte.

Auch Dostojewskij muss als Gefangener dem «heiligen Doktor Fjodor Petrowitsch» begegnet sein. Er beschreibt ihn in seinem *Tagebuch eines Schriftstellers* in beeindruckender Weise. Einige Passagen seines Romans *Der Idiot* handeln ebenfalls von dem berühmten Doktor. Kenner seines Werkes vermuten sogar, dass Haass eines der vielen Vorbilder zu dem Fürsten Myschkin darstellt. Dostojewskij veranschaulicht in all diesen Vorlagen das dramatische Panorama der «russischen Seele», die im Überschwang eines reichen Gefühlsleben Naivität mit Grausamkeit paart, die aber auch Grundlage werden soll für eine zukünftige Seelenform der geistigen Erfahrung. Aus dieser heraus kann erst wirklich Brüderlichkeit zwischen den Menschen entstehen. Rudolf Steiner bezeichnet diese höhere Seelenform als «Geistselbst». «Mitleidseele» möchte ich die Vorstufe dazu nennen. Darin verknüpfen sich das Bewusstsein von Schuld und Mitleid unmittelbar. Die sich schuldig fühlende Seele – ein Gefühl, das in östlich gearteten Menschen ganz elementar auftritt – überwindet sich selbst im Mitleid und erhält über den anderen, den Leidenden, eine Perspektive ihrer Erlösung. Haass nahm diese Seelenhaltung wie eine eigene an. Er tat dies mit dem Ausdruck der Stärke. Man spürt das daran, dass er mit Freude bei der Arbeit war und auch zufrieden – ausgesöhnt mit sich selbst

– starb. Aus dieser positiven Haltung heraus vermochte er auch zu helfen. Die Fußfessel des Mitleids zwang ihn zwar zu einer langsameren Gangart, sie befestigte aber auch in ihm die errungene Seelengröße. Sie band diese wirksamer an die Erde, an die praktische Aufgabe, fern aller Theorien. Erde und Mensch veränderten sich unter dieser Fessel. Und das Veränderte wirkte weiter.

Diese Seelenkraft brachte dem Arzt den Ruf ein, ein Heiliger zu sein. Der «heilige Doktor Fjodor Petrowitsch», wie er genannt wurde, trat in einer Aura geistiger Selbstheit – bei aller Selbstlosigkeit – auf, die von den Menschen seiner Umgebung unmittelbar als eine heilige wahrgenommen wurde. In einem authentischen Bericht kommt diese Beeindruckung zum Ausdruck: «An einem stürmischen Winterabend musste Haass noch spät einen Krankenbesuch machen. Es herrschte den ganzen Tag über ein gewaltiges Schneetreiben. Überall hatten sich hohe Schneewehen aufgetürmt. Fjodor Petrowitsch stapfte, in einen alten Wolfspelz gehüllt, durch die einsamen Straßen. Da überfielen ihn drei zerlumpte Männer und forderten Pelz und Geld. Haass, ohne Angst vor diesen wilden Gestalten, antwortete ihnen freundlich und war bereit ihnen alles zu geben, wenn sie ihn nur bis zur Haustüre seines armen Patienten begleiten würden, der dringend seiner Hilfe bedurfte. Ohne Pelz käme er nicht zu ihm, er würde erfrieren. Er sehe ja, dass sie weniger besäßen als er. Doch als einer der Gesellen ihn böse lachend schlagen wollte, hielt ihn plötzlich der andere zurück, trat näher an Haass heran, schaute ihm ins Gesicht und rief: ‹Brüder, das ist Fjodor Petrowitsch! Väterchen, allergnädigstes, wer wird denn wagen, dir was anzutun?! Verzeih um Christi willen! Komm Väterchen, wir werden dich begleiten, damit sich kein Halunke an dich rantraut. Nichts werden wir nehmen. Wenn ich bloß eine Kopeke hätte, ich würde sie dir für die guten Werke geben.›»*

Haass starb 1853 in Armut. Noch heute pilgern Menschen an sein Grab in Moskau und legen Blumen nieder. Das Grabmal wurde mit den schweren Fußfesseln, die er durch leichtere ersetzen ließ, behängt. Sie setzen das Zeichen seiner Taten. So sind sie unvergessen; auch wenn die Geschichte fast unbeeindruckt darüber hinweggegangen ist.

Ungefähr hundert Jahre später entwirft der amerikanische Schriftsteller, Jerome D. Salinger (geb. 1909 in New York), in seinem Roman *Der Fänger im Roggen* eine andere, mehr westlich orientierte Version dieser Mitleidseele. Er erzählt in diesem Roman die Geschichte eines 16-jährigen Jungen, der sich an der Schwelle zum Erwachsenwerden in die Rolle eines Fängers (im Sinne von «auffangen») von gefährdeten Kindern hineinträumt.

* Aus: *Der heilige Doktor Fjodor Petrowitsch, die Geschichte des Friedrich Joseph Haass* – erzählt von Lew Kopelew.

Dieser Junge will Kinder, die in einem Roggenfeld am Rande eines Abgrundes spielen, mit seinen Armen auffangen, sobald sie fallen. Angeregt von einem Gedicht Robert Burns': «Wenn einer einen andern trifft, der durch den Roggen läuft» spinnt sich der Junge in den Traum seines Lebens. «Aber jedenfalls stelle ich mir immer kleine Kinder vor, die in einem Roggenfeld ein Spiel machen. Tausende von kleinen Kindern, und keiner wäre in der Nähe – kein Erwachsener, meine ich – außer mir. Und ich würde am Rand einer verrückten Klippe stehen. Ich müsste alle festhalten, die über die Klippe hinauslaufen wollen – ich meine, wenn sie nicht achtgeben, wohin sie rennen, müsste ich vorspringen und sie fangen. Das wäre alles, was ich den ganzen Tag lang tun würde. Ich wäre einfach der Fänger im Roggen. Ich weiß schon, dass das verrückt ist, aber das ist das einzige, was ich wirklich gern wäre.»

Dieses zauberhafte Bild des Fängers im Roggen erscheint gegenüber der doch bedrückenden Biographie des Joseph Haass leichtflüglig wie ein Falter. Salinger erzählt diese Geschichte in einem betont lockeren Sprachstil. Er pflegt ebensowenig wie Heinrich Böll einen Schreibstil. Beide versuchen mit ihren Lesern zu sprechen – und nicht geschliffene Thesen zu verfassen. Das Wort, wenngleich schriftlich niedergelegt, möchte als gesprochenes vernommen werden. Es sucht die darin waltende Nähe. Hingeneigt zum Ohr des Mitmenschen – überträgt es die Kraft innigster Kommunikation, die im Sprechen und Zuhören liegt. Der das Wort auffängt, kann es auch wieder aussprechen. Die soziale Nähe will Geben und Nehmen als eine gesammelte Kraft. Sie empfängt im Wort – der Liebe – und gibt im Zuhören – des Mitleids. Der Fänger lebt diese Kommunikation, er erlebt (hört) die Gefahr und fängt sie auf (spricht sie aus). «Das ist das einzige, was ich wirklich gern wäre».

Die Kunstfigur des Fängers kann nur begreiflich werden, wenn man spürt, wie sie aus einer imaginativen Landschaft hervorwächst. Das Bild des Roggenfeldes, dieses ätherischen Gewoges, in dem sich Kinder tummeln, beschwört den Umraum, aus der die Figur entsteht: Halme, dicht und hoch gewachsen, sie zittern in flirrender Luft; die Köpfe ihrer Ähren leicht geneigt schimmern silbern-grau im Glanz ihrer Grannen. Wie in Wellen streicht der Wind darüber hin. Dieses Bild natürlicher Geborgenheit wird plötzlich bedroht durch eine nahe Klippenwand. Die spielenden Kinder ahnen die Gefahr noch nicht. Sie vertrauen den Grundlagen des Lebens, die im Bild des Getreidefeldes das tägliche Brot bewahren und mit dem Brot die geistige Gemeinsamkeit des Mahles – den Esszimmertisch. Diese Ätherwelt erscheint umstellt von Abgründen aller Art; von biotechnischen Manipulationen, von Umweltgiften und anderem. Hier fesselt den Menschen nicht eine persönliche Schuld in Ketten, sondern die gemeinsame der Menschheit. So muss die Fähigkeit des Fängers in jedem einzelnen von uns erwachsen, in dem Maße, wie er selbst als Ich entsteht.

Salinger entwirft aus diesem Grunde mit seinem Romanhelden einen anti-heldischen, halb verrückten Gegentyp zur derzeitigen Norm, die den biotechnisch machbaren, «ideal» gestylten Helden (den seelisch genormten, den Gesundheitshelden, den Sport- und Film-Helden) bevorzugt. Der Fänger dagegen erscheint in seiner skurillen Art überaus einzigartig und unvergleichbar. Er weiß genau, was er, was sein «Ich» will; im Gegensatz dazu, was «man» von ihm erwartet: «das ist das einzige, was ich wirklich gern wäre». Salinger lässt in einer ungeheuer zarten, sensiblen Bildregie dieses werdende Ich nach und nach Gestalt annehmen. Halb Kind noch, halb schon Erwachsener entsteht es im Umraum einer aufmerksam beobachteten Äther- und Engelwelt; die Grundlage, an der es sich jetzt zu bewähren hat. So wächst es zu jener geistigen Fähigkeit des «Schutzengels» heran, aus der heraus es nur das wirklich zu sehen vermag, was es liebt. Diese Engelkraft will aber im Ich des Menschen an das irdische Erdenleben gebunden werden. In diesem Sinne spürt der Fänger die Schwere von dem, den er auffängt. Indem er nämlich den Fallenden, Strauchelnden im Fluge fängt, trägt er dessen ganzes Gewicht. Es wirkt der Erdenflüchtigkeit, die gerade solche ver-rückten Seelen lockt, entgegen. Und so legt der Fänger seinen Flügeln freiwillig die «Fußfessel» des Mitleidens an, die sie im Erdenraum halten.

Liebe muss zur Kunst werden; sie «soll körperlich und geistig eine Kunst sein», sagt der Fänger; eine Kunst, welche die Himmelskraft mit der Erde verbindet. In ihr spielt jene anti-heldische Engelkraft, die gerade im Umgang mit gefährdeten Menschen ihre wunderbaren Helfer-Fähigkeiten entfaltet. Vor allem im Umgang mit behinderten Menschen leuchtet diese Erfahrung auf. Was zum Beispiel in der Heilpädagogik unter erschwerten Umständen im Begegnungsraum mit Hilfsbedürftigen an Liebe erwartet und eingesetzt wird, erweckt ganz unmittelbar die Mitleidseele als eine geistig schöpferische Kraft. Helfer und Heilpädagogen sind «Fänger im Roggen». Der Abgrund des Lebens hat sich ihnen deutlicher als anderen vor Augen gestellt. Sie werden hier niemanden auffangen können, ohne dass die geistige Flügelkraft, die Engelkraft zum festen Attribut ihres Bewusstseins geworden ist. Schon der Verzicht auf Reichtum und Glanz einer gesicherten Existenz hat sie wieder aufs Meer hinaus geschickt. Alle Unsicherheiten und Wagnisse der Wasserprobe sind längst Bestandteil ihres Lebens geworden. Die Fänger-Fähigkeit erfordert jedoch noch eine zusätzliche Probe; denn die Inkarnationsschwäche der Behinderten kann nur in geistiger Einsicht erkannt und aufgefangen werden. Der von den

Klippen fallende wird in der Luft, dem Pneuma der Welt, aufgefangen; und das heißt: in der Anschauung seines geistigen, «heilen» Wesens. Rudolf Steiner spricht diesbezüglich von einer «Luftprobe». Er beschreibt sie so, dass der Proband in eine Situation gestellt wird, in der ihn von außen nichts mehr zum Handeln zwingt. Er muss, will er sich selbst nicht verlieren, ganz allein aus sich seinen Weg finden. «Man muss hier sein ‹höheres Selbst› im wahrsten Sinne des Wortes finden. Man muss sich rasch entschließen, auf die Eingebung des Geistes in allen Dingen zu hören. Zeit zu irgendwelchen Bedenken, Zweifeln und so weiter hat man hier nicht mehr. Jede Minute Zögerung würde nur beweisen, dass man noch nicht reif ist. Was abhält, auf den Geist zu hören, muss kühn überwunden werden. Es kommt darauf an, *Geistesgegenwart* in dieser Lage zu beweisen. Und das ist auch die Eigenschaft, auf deren vollkommene Ausbildung es auf dieser Entwicklungsstufe abgesehen ist. (...) Personen, die es dahin gebracht haben, dass sie, vor plötzlich an sie herantretende Lebensaufgaben gestellt, ohne Zögern, ohne viel Bedenken eines raschen Entschlusses fähig sind, ihnen ist das Leben eine solche Schulung. Die geeigneten Lagen sind diejenigen, wo ein erfolgreiches Handeln sofort unmöglich wird, wenn der Mensch nicht rasch eingreift. Wer rasch bei der Hand ist, zuzugreifen, wenn ein Unglück in Sicht ist, während durch einige Augenblicke Zögerung das Unglück bereits geschehen wäre, und wer eine solche rasche Entschlussfähigkeit zu einer bleibenden Eigenschaft bei sich gemacht hat, der hat unbewusst die Reife für die dritte ‹Probe› erworben.»* Bei diesen Worten erscheint das imaginative Bild des Fängers unverhüllt vor dem inneren Auge.

Das imaginative Bild des «Fängers im Roggen» hat diese Probe wie eine übergeordnete, bewegende Leitformel in ihr Geschehen aufgenommen.

Wo ein hohes Ziel, ein großes Ideal aufgerichtet wird, da finden sich Gegenkräfte mit besonderer Wucht ein. Die Tugenden der Menschlichkeit in Liebe und Mitleid sind davon in stärkster Weise betroffen. Doch der Gegenwind der Widersacher verläuft hier so tief im Untergrund des Menschseins, dass er trotz seiner Wucht oft kaum bemerkt wird. So ist in diesem Zusammenhang besondere Aufmerksamkeit auf bestimmte Fragen zu wenden: Wieviel individuelles Eigentum bleibt zum Beispiel einem Menschen, der Mitleid übt, wenn er dabei sein bisher geführtes Leben aufgibt? Wieviel Ich bleibt ihm im Mitleiden mit dem Du? Hat der Arzt Friedrich Joseph Haass nicht nach dem Umbruch in seinem Leben sein eigenes Selbst aufgegeben? Hat er sich nicht selbst verloren, als er diese mystische Ehe mit dem Verurteilten einging; als er sich dessen Fußketten anlegte und in

* Rudolf Steiner, *Wie erlangt man Erkenntnisse der höheren Welten?* Kapitel «Die Einweihung».

Armut neben ihm ging? Diese Frage heute, in einer Zeit des krassen Individualismus und Egoismus, aber auch des vielfach geschwächten Ich-Bewusstseins, gestellt, steigt wie ein riesiger Vorwurf vor das Gewissen der Gegenwart. Der Angriff auf das einzelne Menschen-Ich steht heute an vorderster Front. Der Selbstverlust – in einer falschen Liebe, in der Nachfolge eines falschen Guru, in einem falschen Mitleid – hat viele Gesichter; er findet auch unter dem Eindruck der Droge und der seelischen Krankheit statt.

Auf dem Feld der innigsten, tiefsten Menschlichkeit, der Liebe und des Mitleids, wirken grundsätzlich weder die übersteigernden luziferischen Gegenkräfte, noch die materialisierenden, ahrimanischen; hier tun vielmehr die ich-auslöschenden, die wesen-vernichtenden asurischen Kräfte in verborgener Weise ihr Werk. Im Zusammenhang damit ist in vielen Fällen das, was dann Liebe oder Mitleid genannt wird, zu einer Farce geworden. Unter asurischen Einflüssen droht der Fänger selbst beim Auffangen des Fallenden abzustürzen, in der falschen Abschätzung einer «gut gemeinten» Tat; aber auch das weit Schlimmere kann eintreten, dass nämlich ein Fänger, der sich nur so nennt, dabei bewusst sich selbst aufgibt, im orgiastischen Gefühl eines besonderen Opfers. Er opfert sich bewusst in eine Tat hinein, die völlig sinnlos ist. Aber diese Sinnlosigkeit erscheint in der Aura eines Altars. Diese Einstellung stützt sich auf eine bestimmte

Form des Existentialismus, der das menschliche Dasein als ein zufälliges Geworfensein in die Welt interpretiert und dieses so zu einem «Wurf» der Sinnlosigkeit macht. Aber gerade dieses Gefühl der Sinnlosigkeit bläst die Illusion, ein Held zu sein, ballonartig auf; ein Held, der auf Selbstvernichtung hinlebt. So müssen auf breiter Ebene die Widersacher erkannt werden. Nicht nur die schwache Seele ist diesen asurischen, ich-zerstörenden Mächten ausgesetzt, sondern auch der moderne Held, der «Star» mit seiner pseudo-heldischen Einstimmung auf den Sinnverlust seines Lebens.

Die hier angeführten Beispiele aus Biographie und Romankunst treten diesen Einflüssen mit einer besonderen Ich-Kraft entgegen. Das Beispiel des Friedrich Joseph Haass zeigt die Situation, wie ein Mensch aus mitleidender Nächstenliebe die bisher verfolgte Lebensspur, dem eine Karriere als Mode- und Amtsarzt in gesellschaftlichem Glanz und Reichtum – ein modernes Karriere-Heldentum also – sicher gewesen wäre, aufgibt und in ein gänzlich anderes Leben einsteigt. In diesem neuen Leben erscheint die alte Ritterrüstung des Individualismus gestählt durch Studium und berufliche Erfahrung, aber durchglüht vom Herzschlag der Mitleidseele. Die einmal gewonnene Kraft des Ich im Individualismus legt Haass dabei nicht ab, sondern erwärmt sie von innen, durchglüht sein Können mit der Liebe zum Menschenbruder. Das zeigt sich in der Fruchtbarkeit seiner Arbeit; das zeigt sich aber vor allem auch in seiner antiheldischen Wesenserscheinung, die in seiner Zeit als «heilig» erlebt wurde.

Dieselbe Kraft zeigt sich aber auch in der Fänger-Figur, in seinem freudig aufleuchtenden Ich-Willen. «Es ist das einzige, was *ich* wirklich *gern* wäre». Das Wort des Paulus: «Übet jemand Barmherzigkeit, so tue er es mit Lust» (Römer 12/8) trifft auf die gleiche Spur. Es meint offensichtlich, dass Taten der Barmherzigkeit und des Mitleids, ohne Lust und Freude getan, nichts Gutes seien. Die lustlose Halbherzigkeit einer solchen Übung würde doch nur die eigene traurige Opfer-Last dem Hilfsbedürftigen zusätzlich aufladen. Lust aber intoniert gesteigerte Kraft. Was einer aus Freude tut, das tut er ganz. Man könnte auch sagen: das tut er aus der Ganzheit und Stärke seines Ich. In dieser Einsicht liegt die Unverletzbarkeit eines Selbstes: der Wille zu einem selbsterwählten Leben.

Sowohl der Doktor Haass als auch die Kunstgestalt des Fängers entwickelten in sich jene antiheldische Engelkraft, wie sie nur auf einem starken, ganzheitlichen «Ich» ruhen kann. Dieses menschliche Ich muss aber das alte streitbare Heldentum umgehen, weil es das andere Ich nicht ausschließen, sondern einschließen will. Der «Heilige» und der «Fänger» sind daher keine Helden, keine «Stars». Sie erscheinen im Strom ihrer Zeit, ihres künstlerischen Umfeldes wie das Samenkorn einer neuen Menschlichkeit im «Geist-Selbst»; unscheinbar noch, aber mit einer gewaltigen Keimkraft ausgestattet. Der Same wird aufgehen. Dort, wo solche Menschen oder künstlerische Formen sichtbar werden, verändern sie die Welt. Diese nimmt solche Lebens-Entwürfe in ihr Gedächtnis auf und verwandelt sie in eine neue Zeit, zu einer neuen Kultur.

Was einer aus Freude tut,

das tut er ganz.

Epilog

Wer sich bei seiner Lebensreise in die Höhenluft des Gebirges begibt, darf Gefahren nicht fürchten. Er kann vieles, was ihm vertraut war, nicht mitnehmen. Vor allem die alten Sicherheiten des bürgerlichen Lebens, aus Gesetz und Versicherung, passen nicht ins Gepäck dieses Aufstiegs. Doch wer den Mut hat, wird belohnt. Auf dem Gipfel ergibt sich ihm der Ausblick in ein neues Land. Er könnte dort eine neue Kultur der Menschlichkeit initiieren.

Die Perspektiven, die in den vorliegenden Kapiteln dieses Buches eine gesteigerte Erfahrung in Ehe, Liebe, Treue, Schuld und Mitleid ins Blickfeld heben, suchen diese Menschlichkeit aus der alten bürgerlichen Verpackung des Menschen herauszuschälen. Denn sie liegt ja in ihm veranlagt. Sie entwickelt sich jedoch nur aus einer neuen Moral von innen, die an die Stelle der alten Sicherheiten von außen gesetzt wird. Es mag ungewöhnlich erscheinen, diese Moralität am Seelenfeuer der Liebe entfachen zu wollen. Doch einerseits rühren nur intensivste Gefühle das menschliche Innere an, und andererseits ist auf keinem anderen Gebiet wie auf dem der Liebe eine starke Ich-Kraft so ausschlaggebend. Moral kann heute nur im Aufbruch eines höchst individuellen

Willens – eines Ich-Willens – und nicht von einer Norm von außen bestimmt, entwickelt werden.

Der Versuch, «Oktaven der Liebe» in einer veränderten menschlichen Landschaft aufzuzeigen, bedarf der Unterstützung durch diese neue Moralität. Alles andere bedeutete unverantwortbaren Leichtsinn. Gerade im zwischen-menschlichen Interesse ist die individuelle moralische Ich-Kraft des Menschen von größter Bedeutung. Keiner kann das Du erkennen und erleben, der nicht ein «Ich» ist. Und wenn wir darüber hinaus auch noch von Engelkräften sprechen, die im Miteinander-Leben den Helferwillen aufrufen, dann entscheiden sich diese am noch gesteigerten Maß dieses Ich. «Alles, was mit dem Willen zusammenhängt, ist ja etwas Ethisches, ist etwas Moralisches», dieses Wort von Rudolf Steiner aus seinen Vorträgen über *Anthroposophische Gemeinschaftsbildung* trifft dieses Anliegen im innersten Kern. Der menschliche Wille, wenn er nicht von krankhaften emotionalen oder egoistischen Verführungen verdunkelt wird – oder überhaupt nicht als Ich-Wille auftreten kann – wohnt im «heiligsten Innern» des Menschen. Er findet dort jeweils seine «moralische Intuition». Ungewöhnliche und starke Gefühle, die sich zwischen den Menschen idealiter entzünden, brauchen solche Intuitionen, damit sie Tat werden können.

Für diese Ideale der Menschlichkeit sensibel zu machen, war Anliegen dieses Buches.

Keiner kann das Du erkennen und erleben,

der nicht ein «Ich» ist.

Literaturverzeichnis

Apokryphe Apostelgeschichte: *Johannes-Akten,* Übers. W. Michaelis, Bremen 1956.

Böll, Heinrich: *Das Heinrich-Böll-Lesebuch*, München 1982.

Dostojewskij, Fjodor: *Tagebuch eines Schriftstellers*, 1880.

– : *Der Idiot.* Leipzig 1925.

Handke, Peter: *Wunschloses Unglück.* Erzählung, Salzburg [4]1973.

Kopelew, Lew: *Der heilige Doktor Fjodor Petrowitsch*, Hamburg 1984.

Kerényi, Karl: *Labyrinth-Studien*, Leipzig 1941.

Leber, Stefan / Schad, Wolfgang / Suchantke, Andreas: *Die Geschlechtlichkeit des Menschen,* Stuttgart 1989.

Mann, Ulrich: *Minoische Tragödie. Kretas Geschichte und Kult als dramatisches Geschehen*, in: *Antaios*, Bd. 4 (1963) S. 277 – 308, herausgegeben von Mircea Eliade und Ernst Jünger.

Saint-Exupéry, Antoine de: Die Quelle konnte bis zur Drucklegung leider nicht ermittelt werden.

Salinger, Jerome D.: *Der Fänger im Roggen,* Köln 1962.

Steiner, Rudolf: *Allgemeine Menschenkunde als Grundlage der Pädagogik,* Gesamtausgabe Bibl.-Nr. 293 (= GA 293), Dornach [9]1992.

– : *Anthroposophische Gemeinschaftsbildung*, GA 257, Dornach [4]1989.

– : *Der Mensch als Zusammenklang des schaffenden, bildenden und gestaltenden Weltenwortes,* GA 230, Dornach [7]1993.

– : *Die Evolution vom Gesichtspunkt des Wahrhaftigen,* GA 132, Dornach [6]1987.

– : *Die Philosophie der Freiheit*, GA 4, Dornach [15]1987.

– : *Die spirituellen Hintergründe der geistigen Welt*, GA 177, Dornach [4]1985.

– : *Die Suche nach der neuen Isis, der göttlichen Sophia,* Dornach [2]1961.

– : *Eurythmie als sichtbarer Gesang,* GA 278, Dornach [4]1984.

– : *Geschichtliche Symptomatologie,* GA 185, Dornach [9]1982.

– : *Wie erlangt man Erkenntnisse der höheren Welten?* GA 10, Dornach [24]1993.